Lars Bruhn, Jürgen Homann (Hrsg.)
UniVision 2020

AF126501

Disability Studies

Band 1

Lars Bruhn, Jürgen Homann (Hrsg.)

UniVision 2020

Ein Lehrhaus für Alle –
Perspektiven für eine barriere- und
diskriminierungsfreie Hochschule

Centaurus Verlag & Media UG

Zu den Herausgebern:
Lars Bruhn und Jürgen Homann studierten Gehörlosen- und Schwerhörigenpädagogik sowie ev. Theologie und sind seit 2005 wissenschaftliche Mitarbeiter im Zentrum für Disability Studies (ZeDiS) an der Universität Hamburg.

Das Projekt wird aus dem Europäischen Sozialfonds ESF sowie von der Freien und Hansestadt Hamburg (FHH) gefördert.

Europäische Union
Europäischer Sozialfonds ESF

Damit ist Hamburg beschäftigt!

Hamburg

Bibliografische Informationen der Deutschen Nationalbibliothek
Die Deutsche Nationalbibliothek verzeichnet diese Publikation in der Deutschen Nationalbibliografie; detaillierte bibliografische Daten sind im Internet über http://dnb.d-nb.de abrufbar.

ISBN 978-3-86226-235-9   ISBN 978-3-86226-908-2 (eBook)

DOI 1007/978-3-86226-908-2

ISSN 2197-9472

Gedruckt auf säurefreiem und chlorfrei gebleichtem Papier.

Alle Rechte, insbesondere das Recht der Vervielfältigung und Verbreitung sowie der Übersetzung, vorbehalten. Kein Teil des Werkes darf in irgendeiner Form (durch Fotokopie, Mikrofilm oder ein anderes Verfahren) ohne schriftliche Genehmigung des Verlages reproduziert oder unter Verwendung elektronischer Systeme verarbeitet, vervielfältigt oder verbreitet werden.

© Centaurus Verlag & Media KG, Freiburg 2013
www.centaurus-verlag.de

Umschlaggestaltung: Jasmin Morgenthaler, Visuelle Kommunikation
Lektorat und Satzvorlage: Gudrun Kellermann

Inhaltsverzeichnis

Vorwort

Ingrid Körner
Senatskoordinatorin für die Gleichstellung behinderter Menschen

Liebe Leserinnen und Leser,

ich beglückwünsche das Zentrum für Disability Studies (ZeDiS) zu der Herausgabe dieses Buches „UniVision 2020: Ein Lehrhaus für Alle! – Perspektiven für eine barriere- und diskriminierungsfreie Hochschule" in Kooperation mit der Universität Hamburg. Das Buch erscheint folgerichtig nach der äußerst erfolgreichen Tagung des ZeDiS, die im März 2012 in den Räumen der Universität stattgefunden hat. Ziel dieser Veranstaltung war es, zu zeigen, welche Funktion ein „Lehrhaus für Alle" auf dem Campus der Universität Hamburg übernehmen soll und welche Botschaften sich damit verknüpfen.

Dieses „Lehrhaus für Alle" nimmt den Geist der UN-BRK in der Stadt auf. Ein Lehrhaus für alle Menschen unterscheidet nicht zwischen Menschen mit und ohne Behinderung, es unterscheidet nicht nach Staatsangehörigkeiten, nach ethnischer Zugehörigkeit oder nach Geschlecht. Im Vordergrund steht das inklusive Lernen als Anspruch und Gewinn für jeden Menschen. Dieser Ansatz hat mich gleich zu Beginn der Vorbereitungen für die Tagung, Anfang des Jahres 2012, überzeugt. Der Philosoph Martin Buber sagte einmal: „In jedem ist etwas Kostbares, das in keinem anderen ist."

Diese Verschiedenartigkeit, die Martin Buber benennt, spiegelt sich besonders gut in dem „Lehrhaus für Alle" wider. Jeder Mensch kann dort seine eigenen Kompetenzen einbringen und auf der Grundlage eigener Fähigkeiten lernen. Ich denke, diese Idee des Lernens wird auch neu innerhalb der Strukturen der Universitäten sein. Nicht mehr allein der elitäre Gedanke zählt, sondern der Gedanke der größtmöglichen Heterogenität der Kompetenzen – und daraus wiederum ergibt sich der Erkenntnisgewinn für jeden Einzelnen.

Der Gedanke der inklusiven Bildung beschäftigt mich schon sehr lange. Ich habe viele Unterrichtsmodelle in den vergangenen Jahren und Jahrzehnten kennengelernt, die auf integrativen Unterricht ausgelegt waren bzw. sind. Die neue Entwicklung des inklusiven Lernens hat für mich eine Weiterentwicklung zur Folge, der sich auch die deutschen Universitäten nicht verschließen dürfen. Es werden in den nächsten Jahren immer mehr Studierende mit Behinderungen an die Universitäten kommen und ihr Recht auf Bildung einfordern. Dies haben wir auch der UN-BRK zu verdanken.

Dafür ist es notwendig, neue Wege einzuschlagen und beispielsweise Platz zu haben, um experimentelles Lernen zuzulassen. Im „Lehrhaus für Alle" ist Platz für solche Ideen. Die große Bandbreite des Lernens gewährleistet, dass alle Studierenden eine möglichst umfassende Persönlichkeitsbildung sowie eine fachliche Bildung erhalten. Was mich an dem Konzept ein „Lehrhaus für Alle" am meisten überzeugt hat, ist die Ganzheitlichkeit.

Nicht nur die Bildung selbst, sondern auch die barrierefreien Räumlichkeiten sind mitbedacht. Das Haus soll offen sein für Veranstaltungen und Ausstellungen. Auch eine technische Barrierefreiheit durch die Verlegung von Induktionsschleifen soll gewährleistet sein. Ich bin mir sicher, dass sich alle Studierenden solche Möglichkeiten des Lernens wünschen.

Wenn alle Menschen, die im universitären Bereich aktiv sind, dieses Buch zur Hand nehmen und daraus Ideen und Anregungen für ihre zukünftige Arbeit bekommen, sind wir auf dem Weg zu einer inklusiveren Universitätslandschaft ein kleines Stück weiter gekommen. Das würde ich mir sehr wünschen!

Ihre

Ingrid Körner

Senatskoordinatorin für die Gleichstellung behinderter Menschen, Hamburg

Ein Lehrhaus für Alle. Zur Einführung

Lars Bruhn und Jürgen Homann

Als „geistigen Widerstand" gegen Verachtung, Verleumdung und Demütigung im Deutschland des Nationalsozialismus institutionalisierende Einrichtung der Erwachsenenbildung charakterisierte Martin Buber das jüdische Lehrhaus (Buber zit. n. Volkmann 2010). „Aufbau im Untergang. Jüdische Erwachsenenbildung im nationalsozialistischen Deutschland als geistiger Widerstand" heißt ein Buch von Ernst Simon von 1959. Die jüdische Tradition des Lehrhauses reicht bis in die Antike zurück und wurde im 20. Jahrhundert durch Franz Rosenzweig mit dem „Freien Jüdischen Lehrhaus" in spezifischer Weise neu geprägt, das er 1920 in Frankfurt am Main gründete. Es sollte ein Ort insbesondere auch für jene Juden sein, die selber gar keine in jüdischer Tradition verankerte Identität besaßen. Zentrales Anliegen war somit ein Identitätsfindungsprozess, in dem gewissermaßen die eigene Geschichte und Kultur gemeinsam mit anderen entdeckt werden sollte. Insofern es jedoch ein Problem darstellte, unter weitgehend assimilierten deutschen Juden geeignetes Lehrpersonal zu finden, war es notwendig, dass hier Lehrende und Lernende miteinander voneinander lernten. Das Lehrhaus war damit tendenziell ein Ort hierarchiefreien Lernens, an dem „die Unwissenden die Unwissenden" (Franz Rosenzweig) lehren. Hieraus entstand 1926 das Stuttgarter Jüdische Lehrhaus, in dem auch ein interreligiöser (jüdisch-christlicher) Dialog geführt wurde.

Universitäten und Hochschulen sind traditionelle Orte des Ausschlusses. Sie prätendieren einen wissenschaftlichen Bildungsanspruch, der sich streng hierarchisch gegliederter Strukturen bedient und dessen Vermittlung vertikal verläuft. Anders gesagt: Der Strahl verläuft von oben nach unten, die Wissensproduktion und -vermittlung erfolgt monologisch, der Dialog der Lehrenden und Lernenden ist einseitig. Diese den Universitäten und Hochschulen zugewachsene gesellschaftliche Selektions- und Legitimationsfunktion konterkariert nicht nur jegliches kritische gleichwie emanzipatorische Potential. Sie verhindert auch, dass neues Denken in akademischen Gefilden Einzug halten und entsprechende Würdigung erfahren kann.

Wissenschaft zudem, die die Relevanz ihrer gesellschaftlichen Verwertung ausblendet, dreht sich vor allem um sich selber. Tendenziell befördern die Universitäten und Hochschulen damit in Anlehnung an Adornos Positivismuskritik einen technokratischen Konformismus, der dem eigenen Anspruch universeller Gültigkeit wissenschaftlicher Explikation zuwiderläuft. Denn Kritik hieße nicht, vermeintlich objektive Lehrsätze zu gewinnen, sondern immer zugleich die gesellschaftlichen Verhältnisse zu kritisieren, um auf Selbstbestimmung gerichtete Veränderung zu bewirken (Honneth et al. 2006, 70).

Mit Disability Studies wird dieses wissenschaftskritische Moment noch weiter fortgeführt. Hervorgegangen aus der politisch-emanzipatorischen Behindertenbewegung ist Widerstand ein Konzept, das die unterschiedlichen Paradigmen in Disability Studies miteinander verbindet. Eine Theorie des Widerstands bietet Gabel und Peters (2004) zufolge den Vorteil, auch individuelle Erfahrungen einzubeziehen. Ähnlich der Aussage, dass das Persönliche das Politische ist, heißt es bei ihnen in Anlehnung an die Befreiungspädagogik Paolo Freires:

„[I]ndividual resistance operates across the individual and collective level and is enacted through critical self-reflection coupled with action"[1] (594).

Disability Studies formulieren im Widerstand somit immer zugleich auch einen Anspruch an Theorie als zu lebende Praxis. Andersherum sind nicht anerkannte Theorien oder empirisch gesicherte, objektive Wahrheiten, sondern gesellschaftliche Praxen ihr alleiniger Ausgangspunkt, von dem aus sich die relevanten Fragestellungen ergeben. Eine Trennung zwischen Theorie und Praxis ist von daher nicht statthaft. Lehre und Forschung müssen in sich selber bereits barriere- und diskriminierungsfrei sein.

Im Anschluss an das Übereinkommen über die Rechte von Menschen mit Behinderungen der Vereinten Nationen, kurz: Behindertenrechtskonvention (BRK), veröffentlichte die Hochschulrektorenkonferenz (HRK) im April 2009 die Empfehlung „Eine Hochschule für Alle". „Zielsetzung der Empfehlung ist es, die chancengerechte Teilhabe von Studierenden mit Behinderung und chronischer Krankheit zu verbessern" (HRK 2013, 5). Von der Antidiskriminierungs- und Gleichstellungsgesetzgebung begleitet stehe nun „nicht mehr der Ausgleich der als Defizit verstandenen individuellen gesundheitlichen Schädigung, sondern die Realisierung chancengerechter Teilhabe durch die Gestaltung einer barrierefreien Umwelt" (HRK 2009, 3) im Mittelpunkt der Debatte.

Aber ist die Empfehlung damit wirklich „für Alle", wie ihr Titel suggeriert? Und ist Hochschule nicht vielmehr ein Ort, der dafür in sich ein anderes Denken erfordert, um gegen eine instrumentelle Vernunft Widerstand leisten zu können, im Zuge derer Bedeutung durch Funktion verdrängt wird (Horkheimer 1997, 31) und die sich damit in der Generierung hochwertigen Humankapitals als Bildungsziel erschöpft? Anders als die HRK-Empfehlung, die von „chancengerechter Teilhabe" spricht, verpflichtet die BRK die Vertragsstaaten in der Präambel, „Teilhabe auf

---

1 Übers. d. V.: „Individueller Widerstand arbeitet über die individuelle und kollektive Ebene hinweg und wird durch kritische Selbstreflexion in Verbindung mit Handlung umgesetzt."

der Grundlage der Chancengleichheit" zu fördern. Sie ist damit keine Rechtsnorm, die nur einer bestimmten Gruppe gerecht werden will. Vielmehr expliziert sie allgemeingültige Menschenrechte mit Blick auf eine bestimmte Gruppe, um die Achtung dieser Rechte „für Alle" einzufordern. Entsprechend ist auch die Verpflichtung der Vertragsstaaten auf „ein inklusives Bildungssystem auf allen Ebenen" in Artikel 24 Absatz 1 BRK zu interpretieren. In diesem Sinne wäre Hochschule auch grundsätzlich zu hinterfragen und nicht zuletzt auch aus wissenschaftskritischer Sicht zu verändern. Einen geeigneten Boden hierfür kann die eingangs geschilderte Lehrhaustradition bieten.

Bei den folgenden Beiträgen handelt es sich zum großen Teil um überarbeitete Vorträge von der Tagung „UniVision 2020 – Ein Lehrhaus für Alle!", die das Zentrum für Disability Studies (ZeDiS) in Kooperation mit der HafenCity Universität und dem Zentrum GenderWissen an der Universität Hamburg im März 2012 veranstaltet hat. Im ersten Teil des Buches wird die Bedeutung der Teilhabe an Planung und Entwicklung von Behinderung betroffener Menschen, dem barrierefreien Bauen im Hochschulbereich diskutiert. Es werden grundlegende Konturen für „Ein Lehrhaus ..." entwickelt, das unter Beteiligung von Behinderung betroffener Menschen barrierefrei gestaltet wird. Darüber hinaus soll dieses Lehrhaus gleichstellungspolitisch geprägt sein, indem es Lehre und Forschung „... für Alle!" unter seinem Dach vereint. Neben der Frage, wie Differenz in der Vielfalt bewahrt werden kann, gehen die Beiträge des zweiten Teils darauf ein, welchen praktischen gleichstellungspolitischen Ansprüchen ein „Lehrhaus für Alle!" unter den Gesichtspunkten „Disability Mainstreaming", „Diversity" sowie „Intersektionalität" genügen muss.

Unser Dank gilt den AutorInnen, die an der Tagung, dem vorliegenden Buch und damit an einer ersten Ausformulierung der Vision eines „Lehrhauses für Alle" mitgewirkt haben. Hervorzuheben ist die intensive Durchsicht und Formatierung aller Beiträge durch unsere Kollegin Gudrun Kellermann. Dem Centaurus Verlag, der aus gegebenem Anlass die Schriftenreihe Disability Studies in sein Programm neu eingeführt hat, danken wir für die reibungslose und unkomplizierte Zusammenarbeit. Nicht zuletzt seien der Europäische Sozialfonds (ESF) sowie die Behörde für Wissenschaft und Forschung (BWF) der Freien und Hansestadt Hamburg genannt, aus deren Mitteln sich das Zentrum für Disability Studies (ZeDiS) an der Universität Hamburg und so auch dieses Buch hauptsächlich finanziert.

Literaturverzeichnis

Gabel, Susan; Peters, Susan (2004): Presage of a paradigm shift? Beyond the social model of disability toward resistance theories of disability. In: Disability & Society, Vol. 19, No. 4, pp. 585–600.

Honneth, Axel; Beaufaÿs, Sandra; Friedeburg, Ludwig von (Hg., 2006): Schlüsseltexte der Kritischen Theorie. Wiesbaden.

Horkheimer, Max (1997): Zur Kritik der instrumentellen Vernunft. Frankfurt a.M..

HRK, Hochschulrektorenkonferenz (2009); Eine Hochschule für Alle, Empfehlung der 6. Mitgliederversammlung am 21. April 2009 zum Studium mit Behinderung/chronischer Krankheit: http://www.hrk.de/de/download/dateien/ Empfehlung_Eine_Hochschule_fuer_Alle.pdf (11.11.2010).

Dies. (2013): Eine Hochschule für Alle. Empfehlung der 6. Mitgliederversammlung am 21. April 2009 zum Studium mit Behinderung/chronischer Krankheit, Ergebnisse der Evaluation: http://www.hrk.de/fileadmin/redaktion/hrk/02-Dokumente/02-03-Studium/02-03-08-Barrierefreies-Studium/Auswertung_Evaluation_Hochschule_fuer_Alle_01.pdf (03.06.2013).

Volkmann, Michael (2010): Das jüdische Lehrhaus in Geschichte und Gegenwart. „Von einer Kraft zur andern": http://pfarrerverband.medio.de/pfarrerblatt/ index.php?a=show&id=2841 (02.04.2013).

Die Umsetzung der UN-Behindertenrechtskonvention und ihre Erfordernisse in Bezug auf die deutsche Hochschul(bau)landschaft

Oliver Tolmein

Die aktuelle Diskussion über Bildung und über Universitäten ist auf die Kosten der Bildung fokussiert. Sie setzt sich damit auseinander, wie effizient Bildungseinrichtungen sind, und unterstreicht, dass Bildung und Bildungseinrichtungen erforderlich sind, um die Wettbewerbsfähigkeit der BRD zu erhalten und möglichst weiter auszubauen. Abgekoppelt von dieser Debatte sind Informationen darüber, in welchem Ausmaß der Anteil von Menschen mit Behinderungen in der Gesamtbevölkerung steigt, und Argumente dafür, dass deswegen eine Ausweitung von Lehrangeboten und eine Ausweitung der Einbeziehung von Menschen mit Behinderungen im Bildungssektor immer wichtiger werden. Dass Bildungspolitik Gesellschaftspolitik ist und Bildung (keineswegs nur für Menschen mit Behinderungen) Teilhabemöglichkeiten eröffnet, spielt in der Bildungsdiskussion, wie wir sie seit einigen Jahren in den Medien erleben, eine bestenfalls untergeordnete Rolle, sehr oft wird es gar nicht einbezogen. Zudem konzentriert sich die bildungspolitische Diskussion mehr auf Schulen als auf die Universitäten und Hochschulen, wenn nicht gerade über „Bologna" (was immer auch darunter jeweils verstanden wird) oder „Exzellenzcluster" (auch so ein wabernder Begriff) gestritten wird. Diversity dagegen oder gar eine „Hochschule für Alle" erscheinen in diesem Zusammenhang als geradezu exotische Begriffe.

Die Etablierung von Studiengängen wie Disability Studies könnte man als einen gegen diesen Mainstream gerichteten Trend verstehen. Ich habe da allerdings meine Zweifel – und das nicht nur, weil ich kein Freund der Trendsetter und Zukunftsforscher bin. Die Gefahr, dass hier ein Orchideenfach etabliert wird, erscheint mir weitaus größer als die Hoffnung darauf, dass diese Entwicklung ein Keim ist, der viele andere Disziplinen infizieren und sich so fakultätendeckend ausbreiten könnte. Von einem Disability Mainstreaming, wie man in Analogie zum Gender Mainstreaming sagen könnte, sind wir meines Erachtens nicht nur weit entfernt. Ich habe Zweifel, dass wir uns überhaupt in die richtige Richtung bewegen. Aber diese Frage lohnt die Diskussionen.

In den Beschlüssen der Hochschulrektorenkonferenz zur „Hochschule für Alle" im Jahr 2009 finden sich wichtige Ansätze für eine auf Inklusion zielende Veränderung der Hochschullandschaft, trotzdem verbreitet dieses Papier aber nicht gerade Aufbruchstimmung. Es wirkt eher pflichtschuldig formuliert, als dass bei seiner

Formulierung Leidenschaft die Feder geführt hätte. Immerhin: Man darf gespannt sein, wie die Evaluation der Umsetzung dieser Konzeption „Hochschule für Alle", die 2012 erfolgen sollte, aussehen wird. Wenn ich mir beispielsweise die Homepage der Universität Hamburg anschaue, dann stelle ich fest, dass sie sich als „familiengerechte" Universität präsentiert. Dass die Universität Hamburg eine barrierefreie Universität wäre oder wenigstens Anstrengungen unternähme, eine solche zu werden, behauptet niemand: Die Werbewirksamkeit einer solchen Etikettierung wird wohl – möglicherweise zu Recht – als begrenzt angesehen. Auch sonst gibt es auf der Webseite keinen Hinweis auf Inklusion, Barrierefreiheit oder gar die Selbstbeschreibung, man wollte eine Universität für alle werden. Bilder, die man an prominenter Stelle der Webseite der Universität Hamburg sieht, sehen so aus: Ein altertümliches Gebäude, der zweite Stock davon, kleine Fenster, Säulen, eine große Brüstung. Das wirkt nicht nur unter dem Aspekt von Barrierefreiheit nicht besonders einladend; hier zeigt sich eine akademische Trutzburg, kein offener Campus für alle. Aber die Universität Hamburg hat auch ihre „modernen" Gebäude. Gleich neben dem Hauptgebäude etwa die Flügelbauten, zu denen es einiges anzumerken gibt (vgl. Becker/Judith in diesem Band), wobei ich mich frage, warum in den 1990er Jahren, zu einer Zeit also, da Barrierefreiheit schon ein Thema war, bei einem teuren Gebäude-Neubau keiner der Verantwortlichen die Interessen behinderter Studierender oder Wissenschaftler für ausreichend wichtig erachtete, um ihnen zu entsprechen? Schon damals gab es auch rechtliche Regelungen, die verlangt haben, öffentlich zugängliche Gebäude barrierearm zu errichten. Mitte der 1990er Jahre wäre ein barrierefreies oder barrierearmes Gebäude keine umwerfende Innovation gewesen, leider bildete aber ein barrierereiches Gebäude auch keineswegs eine Ausnahmeerscheinung.

Es gibt ein Bild von einem noch später errichteten Gebäude wie der Bibliothek der Rechtswissenschaften (man sollte meinen, dass Juristen wissen, dass es einen Gleichbehandlungsanspruch gibt, der auch so eine schlichte Anforderung wie „Zugänglichkeit" umfassen kann). Man sieht ein Gewirr von Treppen und engen Gängen – nichts deutet darauf hin, dass dort in irgendeiner Weise auf die Bedürfnisse von Menschen mit Behinderungen eingegangen worden wäre, die mehr Platz brauchen, weil sie beispielsweise in einem breiten Rollstuhl sitzen und wenden können müssen, oder mehr Licht, um lesen zu können, oder einen anderen Zugang zu Büchern benötigen, weil sie nicht aus zwei Metern Höhe Bücher greifen können. In der rechtswissenschaftlichen Bibliothek können Studierende mit Behinderungen also die schönen Bücher über Grundrechte und Antidiskriminierungsrecht gar nicht lesen. Das Studium der Rechtswissenschaften ist eben nicht gerade das, was man unter „ein Studium für Alle" verstehen könnte. Das ist auch deswegen schade, weil sich später immer wieder Juristen mit Themen wie Inklusion auseinandersetzen und mit ihren Entscheidungen diese Themen und ihre Umsetzung formen.

Ich habe auf anderen Seiten von Hochschulen herumgestöbert, auf denen man sehen kann, wie sich Universitäten im Internet präsentieren. Meistens werden auf den Webseiten die Anforderungen für ein barrierearmes Design im Internet erfüllt. Es gibt z.B. einen Alternativtext zum Foto vom Professor, der mit Kreide an eine Tafel schreibt, so kritzelklein, dass jemand mit einer Sehbehinderung garantiert nicht lesen kann, worum es dort geht. Es gibt Alternativtexte für Bilder von Hörsaalgebäuden, in denen offenbar alles vorhanden ist, nur kein Platz für einen Rollstuhl. Man sieht auf einer im strikten HTML-Code ohne Flashprogramme programmierten Uni-Webseite auch ein Bild eines Empfangs mit Studierenden, die alle männlich sind, von denen keiner im Rollstuhl sitzt und von denen auch sonst keiner eine Besonderheit aufweist, außer dass er vielleicht modisch etwas hinter der Zeit zurück ist. Auch hier ist die Botschaft: Schaut es euch an – aber macht bloß nicht mit. Wir sind nicht „für alle". Wir sind eine herausgehobene Gruppe in der Gesellschaft.

Das Hamburger Hochschulgesetz (HmbHG) wurde 2011 von Juristen überarbeitet, um den Anforderungen unter anderem der UN-Behindertenrechtskonvention (UN-BRK) Genüge zu tun. Es steht allerdings nicht viel darüber drin, was Menschen mit Behinderungen für Ansprüche haben oder für Unterstützung bekommen können. In Paragraph 3 Absatz 6 Sätze 1 und 2 HmbHG heißt es beispielsweise: „Die Hochschulen wirken an der sozialen Förderung der Studierenden mit; sie berücksichtigen die besonderen Bedürfnisse von Studierenden mit Kindern und von behinderten Studierenden." Welche besonderen Bedürfnisse haben denn behinderte Studierende? Bestehen zwischen dem Rollstuhlfahrer, der Blinden und dem psychisch kranken Kommilitonen mehr Gemeinsamkeiten, haben diese mehr besondere Bedürfnisse als der Studierende aus Ghana, die Studierende aus Drochtersen, die Überfliegerin, die schon studiert, seit sie 15 ist? Wohl kaum. Welche Bedürfnisse sind überhaupt besonders? Das Bedürfnis, einer Vorlesung folgen zu können? Ein Buch erreichen zu können? Einen Arbeitsplatz zu haben, an den ich mich setzen und wo ich schreiben kann? In einer Sprache unterrichtet zu werden, in der ich mich verständigen kann? Das sind keine besonderen, das sind regelhafte Bedürfnisse. Tatsächlich geht es also nicht um besondere Bedürfnisse behinderter Menschen an der Universität, sondern, wie die UN-BRK deutlich macht, um „angemessene Vorkehrungen" zur Beseitigung oder Überwindung von Barrieren.

Das Hochschulgesetz fährt fort: „Sie fördern die Integration behinderter Studierender und ermöglichen für diese insbesondere beim Studium und bei den Prüfungen einen Nachteilsausgleich." Na dann. Das war zu befürchten: Es läuft auf einen „Nachteilsausgleich" hinaus und auf Förderung, was immer das sein soll. Warum muss die Hochschule die Integration behinderter Studierender überhaupt fördern? Sie muss sie fördern, weil sie an sich von ihrer ganzen Struktur so angelegt ist, dass sie Ausgrenzung betreibt. Sie betreibt sie, und hinterher gibt es eine Kommission, die sagt, gucken wir mal, wie wir die Behinderten, die wir gerade ausgegrenzt haben, wieder reinbekommen. Behinderte Studierende müssen genauso viel oder wenig gefördert werden wie andere. Sie sind an die Hochschule gekommen, um zu studieren, und nicht, um besonders gefördert zu werden. Dass sie dort sind, ist schon eine Leistung, die in der Regel sie selber erbracht haben, da brauchen sie keine Förderung. Das Einzige, was sie brauchen und worauf sie Anspruch haben, ist, dass sie nicht weiterhin ausgegrenzt werden.

Es geht übrigens auch anders, wie Paragraph 3 Absatz 4 deutlich macht: „Die Hochschulen tragen zur Verwirklichung der Gleichstellung von Frauen und Männern und zur Erhöhung des Anteils von Frauen in allen Bereichen bei, in denen diese unterrepräsentiert sind. Sie wirken darauf hin, dass die für die weiblichen Hochschulmitglieder bestehenden Nachteile beseitigt werden. Sie stellen insbesondere Frauenförderpläne auf und erlassen Richtlinien zur Erhöhung des Anteils von Frauen am wissenschaftlichen und künstlerischen Personal, in die insbesondere auch Regeln über die entsprechende Ausschreibung von Stellen aufzunehmen sind. Sie sind verpflichtet, auf eine angemessene Vertretung von Frauen in den Organen der Hochschule hinzuwirken. Sie legen in Abständen von zwei Jahren Erfahrungsberichte über die Frauenförderung nach diesem Gesetz vor." Behinderte werden nur als Studierende überhaupt erwähnt, Gleichstellung ist ein Anspruch, der dagegen Frauen vorbehalten bleibt (dass das eine Chance für Frauen mit Behinderungen darstellt, ist eher zu bezweifeln...).

Das Hamburger Hochschulgesetz habe ich hier nur zitiert, weil wir uns in Hamburg befinden. Das Berliner Hochschulgesetz oder der Musterentwurf des Hochschulrahmengesetzes haben keinen wesentlich anderen Gehalt. Auch dort lesen wir, dass die Hochschulen an der sozialen Förderung der Studierenden mitwirken. Die Sprache der Gesetze ist verräterisch, sie stigmatisiert, sie macht das Gegenteil von dem deutlich, was intendiert war. In dem Moment, wo ich sage, wir wollen den besonderen Bedürfnissen von Menschen mit Behinderungen gerecht werden, signalisiere ich eben, dass sie halt doch anders sind, die behinderten Studierenden, die mit den Bedürfnissen, die besonders sind, verglichen mit unseren, den Bedürfnissen der nichtbehinderten weißen, hörenden, sehenden JuristInnen.

Mit Blick auf angeblich besondere Bedürfnisse erscheint mir ein Verfahren aufschlussreich, das meine Kanzlei vor zwei Jahren geführt hat. Zwei Master-Studierende aus Marburg wechselten an die Universität Hamburg. Die beiden hatten einen guten Bachelor-Abschluss in Marburg gemacht, es waren begabte junge Politikwissenschaftler. Beide wollten hier deswegen übrigens auch nicht besonders gefördert werden, sie wollten wie ihre nichtbehinderten Kommilitonen auch, einfach studieren. Eine Voraussetzung dafür war aber, dass sie Pflegeassistenz erhalten. Sie stellten einen Antrag beim Sozialamt und die Behörde sagte, kein Problem, wir haben in Volksdorf – das liegt im äußersten Norden Hamburgs, weit entfernt von der Uni und schlecht an den ÖPNV angebunden, ein sehr schönes Heim für euch, da gibt es auch noch Platz. Dann haben wir versucht, der Behörde klarzumachen, dass Pflegeassistenz in einem Heim sich mit einem Masterstudium an einer Universität nicht gut verträgt. Das wollte die Behörde nicht einsehen. Wir haben einen Eilantrag auf ambulante Assistenz gestellt, sind vor das Sozialgericht gezogen und haben in erster Instanz gewonnen – die Behörde hat dagegen Beschwerde eingelegt, die war aus formalen Gründen erfolglos, materiell-rechtlich hätte das Landessozialgericht aber gegen uns entschieden. Der Rechtsstreit ist noch nicht in allen Facetten erledigt. Es kam jedoch aufgrund erheblicher Proteste zu einer politischen Lösung, die für unsere Mandanten gut ist. Mir geht es aber um etwas anderes: Egal, wie barrierefrei die Räume in der Universität sind, Menschen mit Behinderungen haben bereits das Problem, dass sie erst einmal an die Universität gelangen müssen – und das ist keine Kleinigkeit. Denn wenn die Strukturen, in denen sie leben, nicht barrierefrei sind, dann ist oftmals an ein Studium schon deswegen nicht zu denken. Wenn wir also über ein „Lehrhaus für Alle" reden, dann müssen wir auch über Mobilität reden, über Pflege, über Assistenz und barrierefreies Wohnen, denn sonst haben wir irgendwann einen Zustand, in dem Studierende ein mustergültiges Lehrhaus gar nicht benutzen können.

Und wie steht es um die „Nachteilsausgleiche." Was ist ein Nachteil? Das setzt schon immer voraus, dass es einen Normalfall gibt, von dem ich irgendwie abweiche. Inklusion setzt aber voraus, dass es viele verschiedene Konstellationen und gerade keinen Normalfall gibt, an dem sich alle anderen zu orientieren haben. Im Kern geht es bei Prüfungen um Anforderungen, die gestellt werden, z.B. im Jurastudium einen Fall schriftlich lösen zu können und das Ergebnis in über sechs Stunden handschriftlich auf Papier zu bringen. Wenn ich dieser Anforderung nicht entsprechen kann, brauche ich keinen „Nachteilausgleich". Man könnte sich eine intelligentere oder, neutraler formuliert, stärker an meinen Fähigkeiten orientierte Anforderung vorstellen. Es ist grundsätzlich kein Nachteil, wenn man langsamer schreibt, weil man mit den Füßen schreibt, es ist eine Eigenheit. Es wird erst durch Bewertungen und Anforderungen zu einem Nachteil gemacht. Die Formulierung „Nachteilsausgleich" widerspiegelt eine Sichtweise des Rechts, die der der UN-BRK diametral entgegengesetzt ist. Wenn ich sage, jemand hat einen Nachteil, dann bewerte ich ihn. Die BRK bewertet nicht, sie stellt fest, es gibt Unterschiede. Mit diesen muss die Universität, die den Anspruch hat, eines der anspruchsvollsten Institute zu sein, umgehen können.

Die Hochschulgesetze sind im Lichte der UN-BRK auszulegen – bis sie deren inklusiven Normgehalt umgesetzt haben. Die UN-BRK ist ein umfassendes, alle Lebensbereiche von Menschen mit Behinderungen berührendes Regelwerk – das unterscheidet sie auf erfreuliche Weise von allen anderen rechtlichen Bestimmungen zum Thema Behinderung, die wir in der Bundesrepublik haben und die stets nur einen schmalen Ausschnitt an Lebenswirklichkeit erfassen und die daher oft nur schwer anzuwenden sind. Die UN-BRK verfolgt den Grundgedanken, die allgemein anerkannten und in völkerrechtlichen Konventionen niedergelegten Menschenrechte für Menschen mit Behinderungen zu formulieren. Ihr zentrales Anliegen ist die Freiheit von Benachteiligung. Die Freiheit von Benachteiligung – also gerade keine „besondere Förderung" – wird in folgenden Grundsätzen geregelt:

- Zugänglichkeit (Artikel 9)
- Unabhängige Lebensführung (Artikel 19)
- Persönliche Mobilität (Artikel 20)
- Zugang zu Informationen (Artikel 21)
- Bildung (Artikel 24)
- Habilitation und Rehabilitation (Artikel 26)
- Teilhabe am politischen und öffentlichen Leben (Artikel 29)

Artikel 24 ist die Kernvorschrift der UN-BRK für den Bereich Bildung. In der Vorschrift wird von einem „inclusive education system" geschrieben, einem inklusiven Bildungssystem ohne Benachteiligung auf allen Ebenen. Dieses Bildungssystem soll es ermöglichen, die Fähigkeiten der Menschen voll zur Entfaltung zu bringen. Dafür – und da kommen wir in den Bereich des Baulichen – sind sogenannte angemessene Vorkehrungen zu treffen. Das Ziel der Maßnahmen ist, die bestmögliche schulische und persönliche Entwicklung jedes einzelnen Menschen zu fördern. Das sind anspruchsvolle Ziele, die besonders schlecht zu dem passen, was für viele Menschen mit Behinderungen heute noch erforderlich ist, z.B. dass sie, um ihre Assistenz, die sie im Studium benötigen, bekommen zu können, einen Antrag beim Sozialhilfeträger stellen müssen, der nach einem anderen Prinzip entscheidet und nicht nach dem, was bestmöglich ist. Das lesen wir immer wieder. Der Sozialhilfeträger entscheidet in Sachen Eingliederungshilfe und vor allem bei allen Fragen der Assistenz. Der Sozialhilfeträger handelt grundsätzlich subsidiär, also nachrangig. Und er prüft, ob seine Leistung unbedingt erforderlich ist. Die Frage „Was sichert das Mindestmaß dessen ab, was benötigt wird?" hat aber mit dem Anspruch auf „bestmögliche" Unterstützung aus Artikel 24 UN-BRK nichts zu tun.

Es geht um weitaus mehr als nur um wie auch immer ausgestaltete Unterstützung. Artikel 24 der UN-BRK verlangt auch, dass das Bildungssystem entsprechende Lehrkräfte braucht, denn es kann nur inklusiv sein, wenn es auch Lehrkräfte gibt, die Behinderungen haben. Es gibt manche, aber es sind wenige – warum? Lehrkräfte müssen evt. besondere Fähigkeiten haben, z.b. in deutscher Gebärdensprache (DGS) kommunizieren können – wer kann das besser als Muttersprachler der DGS? Es geht darum, dass im Rahmen dieses Bildungssystems unterschiedliche Formate von Kommunikation zum Einsatz kommen, nicht nur das, was in der deutschen Hochschule gegenwärtig bis zur Erschöpfung eingeübt wird, d.h. der Frontalvortrag, sondern auch andere Formen der Kommunikation.

Eine Schnittstelle, die in Art. 24 auch eine Rolle spielt und die viel zu wenig diskutiert wird, ist die Hochschulzugangsberechtigung. Es ist nicht überraschend, dass aus einem Schulsystem, in dem auf die altertümliche Art und Weise Behinderung zuerst mit sonderschulischem Förderbedarf assoziiert wird, am Ende sehr wenige Menschen kommen, die eine Hochschulzugangsberechtigung überhaupt haben, und dass diese Menschen, die es „trotzdem" schaffen, eher den gesellschaftlichen Mainstream verkörpern als ein hohes Maß an Diversity. Diese erste Barriere, die Segregation im schulischen Bildungssystem, ist die Barriere, die auf jeden Fall gerissen werden muss, wenn man ein inklusives System anstrebt. Davon sind wir weit entfernt – institutionell und politisch.

In der Stadt Hamburg wurde vor kurzem eine scharfe Auseinandersetzung geführt, deren Gegenstand die Erhaltung des deutschen Gymnasiums war. Dieser Mythos des deutschen Gymnasiums schafft Barrieren, die nicht baulicher Art sind. Sie grenzen auf andere Art und Weise aus.

Artikel 24 sichert ausdrücklich den Zugang zur allgemeinen Hochschulbildung und verlangt, dass im Bedarfsfall angemessene Vorkehrungen getroffen werden. Die angemessenen Vorkehrungen, die ein Kernpunkt für die Universität sind, haben als Bezugspunkt das Individuum und nicht eine Gruppe von Menschen. Es geht also nicht darum zu sagen: Das ist das, was Rollstuhlfahrer brauchen. Da mag es gewisse Grundannahmen geben, aber auch Rollstühle sind sehr unterschiedlich – manche können sogar Treppen steigen. Es gibt auch keine grundsätzlichen Erfordernisse, die für alle Menschen mit Hör- oder Sehbehinderung gelten. Manche kommunizieren in Gebärdensprache, andere benötigen Schriftdolmetscher oder eine gute Mikrofonanlage. Menschen mit Behinderungen haben einen Anspruch auf angemessene Vorkehrungen, wenn diese Vorkehrungen notwendig und sie keine unverhältnismäßige Belastung für den darstellen, der sie zur Verfügung stellen muss.

Zu angemessenen Vorkehrungen (einem Begriff, der in Deutschland im Arbeitsrecht bekannter ist) gehören z.B.:

- Vorlesung in Gebärdensprache
- ein tiefer Tisch für Fußschreiber
- Kopierhilfen
- kürzere Vorlesungen
- Gebärdensprachdolmetscher für Beratungen und Dozentengespräche
- Unterlagen in Brailleschrift
- Hinweistafeln in Brailleschrift
- ein Raum für pflegerische Maßnahmen
- kontrastreichere Tafeln
- Bildschirme an Vorlesungsplätzen

Ich möchte nur das Beispiel einer juristischen Kollegin erwähnen, die in den 1980er Jahren nach Berkeley/Kalifornien gegangen ist – damals gab es den phantastisch ausgestatteten Ed Roberts Campus noch nicht. Sie berichtete, sie sei zur Verwaltung gegangen, um sich einzuschreiben, und wurde dort schon befragt: „Was brauchst du, um hier studieren zu können?" Dann hat sie ein paar Dinge aufgeführt, z.B. mobiler Tisch, Schreibgeräte, die Vorlesungen durften nicht zu weit auseinander liegen, und dann ist das organisiert worden. Davon war in Deutschland damals nur zu träumen – und das ist auch heute alles andere als Alltag. Es gab damals in Berkeley eine Werkstatt, in der von Mitarbeitern Hilfsmittel für Studierende individuell angefertigt wurden. Das hat natürlich ein Studium ermöglicht, das sehr viel besser und reichhaltiger als das war, was hier geht – nicht weil „gefördert" wurde, sondern weil Bedürfnissen entsprochen wurde. Das Studium hat sich in gewisser Weise den Studierenden angepasst

Wenn wir uns die Rechte anschauen, die die UN-BRK vermittelt, dann muss man sagen, dass die UN-BRK ein einfaches, deutsches Gesetz ist; manche der Vorschriften und Ansprüche, die dort niedergelegt sind, bedürfen einer Umsetzung in weitere deutsche Gesetze. Und da fängt das Problem schon an. Wenn das so gemacht wird wie im Hamburger Hochschulgesetz, ist das witzlos. Dieses Hochschulgesetz setzt die UN-BRK in keiner Weise um. An den Punkten, wo die UN-BRK angesetzt wird, um Benachteiligungen, Diskriminierungen etc. zu beenden und zu stoppen, ist sie im Übrigen ohne weitere Umsetzung heute schon direkt anwendbar.

Dort, wo sie nicht so konkret und unmittelbar anwendbar ist, muss man die Vorschriften, die es in anderen Gesetzen gibt, im Lichte der UN-BRK lesen, beispielsweise den Begriff des Nachteilsausgleichs aus den Prüfungsordnungen und dem Hamburger Hochschulgesetz. Dieser Begriff ist im Lichte der UN-BRK sehr viel weiter auslegbar und auszulegen, als das bei einer klassischen Auslegung möglicherweise passieren wird. Anwendbar heißt, da spricht jetzt der Anwalt, und es ist ggfs. auch einklagbar. Es ist interessant, wenn man sich anschaut, mit wie viel Benachteiligungen man im Hochschulleben konfrontiert wird, wie viele Schwierigkeiten es gibt und wie wenig im Vergleich dazu gestritten wird.

In der Praxis gibt es einfachere Wege als rechtliche Auseinandersetzungen, aber ich denke, auf lange Sicht bedarf es auch rechtlicher Konfrontationen. Nur mit netten Worten und Beiträgen auf Konferenzen werden wir die Lage nicht ändern. In diesem Zusammenhang muss man sagen, dass wir ein grundsätzliches Problem haben, das ich vorhin schon angesprochen habe: Solange die Hochschulen immer mehr Autonomie bekommen, gleichzeitig das Zugänglich-Machen der Angebote auf Sozialträger ausgelagert wird, solange Bildung und Sozialrecht auseinanderfallen, solange wird es schwierig, weil das Sozialrecht ganz anderen Prinzipien folgt als das Bildungsrecht. Das ist ein Kernproblem, in dem das Konzept für eine barrierefreie bzw. barrierearme zugängliche Hochschule geändert werden muss.

Aber das ist nicht der entscheidende und nicht der einzige Punkt. Man muss sich auch klar machen, dass Hochschulpolitik, die auf Inklusion zielt, schon in der Grundschule beginnen muss. Man muss immer stärker die Hochschulen selber in die Pflicht nehmen, auch in die Pflicht, dass sie Inklusion quasi zu einem Markenzeichen entwickeln. Ein Exzellenzcluster ist etwas Wunderbares. Wenn man aber ganz viele Studierende ausgrenzt, ist ein Exzellenzcluster für die zum Beispiel gar nichts Wunderbares.

Und was heißt Exzellenz? Ist es nicht auch exzellent, wenn die Hochschulen neben dem üblichen Lehrstoff auch andere Kompetenzen vermitteln, die daran anknüpfen? Warum ist es nicht interessant, sozialrechtliche Seminare zu machen, in denen zukünftige Staatsanwälte, Richter etc. Kommunikationskompetenzen erlernen? In denen sie lernen, sich mit Menschen mit Lernschwierigkeiten über den Sinn bestimmter Gesetze auseinanderzusetzen? Kommunikation ist eine Schlüsselkompetenz für Juristen, aber wir lernen sie immer nur in der Auseinandersetzung mit anderen Juristen. Das ist eine schlechte Kommunikation, die wir da lernen. Ein Seminar, in dem Menschen mit Lernschwierigkeiten drin sind, Juristen drin sind, Menschen aus anderen Gruppen drin sind, in denen über das Thema mal anders gesprochen wird, ist ein Gewinn.

Ich denke, wir müssen über Inklusion weiter nachdenken, wir sollten vielleicht aber auch ehrgeiziger sein, und nicht nur darüber nachdenken wollen – damit die Visionen nicht nur Visionen bleiben, damit wir irgendwann ein bisschen näher an etwas herangelangen, was tatsächlich Inklusion sein kann – und vielleicht finden wir dann auch noch einen schöneren Begriff dafür.

Architektur der Gleichstellung: Barrierefreiheit und Partizipation

Lars Bruhn und Jürgen Homann

Ein Verständnis von Behinderung als gesellschaftlich verursachtes Phänomen begann sich in den 1960er Jahren inspiriert von der Bürgerrechtsbewegung der Schwarzen zunächst in den USA zu entwickeln und weltweit auszustrahlen. Es entstand eine politisch-emanzipatorische Behindertenbewegung, die sich in den USA als *Independent Living Movement* bezeichnet und auch in Deutschland später als Selbstbestimmt-Leben-Bewegung etablierte. In anderen Bereichen breitete sich ebenfalls ein soziales Verständnis von Behinderung aus. So bedeutete dies etwa in der Architektur, dass anstelle der Auffassung, Behinderung sei ein individuelles Problem, mit dem die Betroffenen selber fertig werden müssten, die Verantwortung für Behinderung durch bauliche Barrieren in den Fokus geriet, die es abzuschaffen galt und gilt. Für Deutschland wird die sich daraus hervorgegangene Entwicklung anhand der Begriffe Behindertengerechtigkeit, Barrierefreiheit und Universelles Design nachfolgend beschrieben werden. Im Anschluss daran wird auf die Bedeutung der Beteiligung (Partizipation) von Behinderung betroffener Menschen für eine Architektur eingegangen, die sich der Barrierefreiheit und damit der Gleichstellung aller Menschen unabhängig von ihren Fähigkeiten verpflichtet fühlt.

Behindertengerechtigkeit, Barrierefreiheit, Universelles Design

Behindertengerechtigkeit konzentriert sich durch die behindertengerechte Gestaltung von Produkten und Dienstleistungen einzig auf das von Behinderung betroffene Individuum – häufig auch als Ergänzung therapeutischer und (re-)habilitativer Bemühungen. Was behindertengerecht ist, muss nicht notwendigerweise auch nichtbehinderten Menschen gerecht werden. In der Folge wurden und werden Sonderlösungen entwickelt, die einzig den Zweck haben, Behinderten gerecht zu werden. Von Behinderung betroffene Menschen, die eben als Behinderte stigmatisiert sind, erfahren auf diese Weise oft eine Verstärkung ihrer Stigmatisierung. Dies lässt sich möglicherweise, wie am Beispiel des Hörgerätes deutlich werden mag, das altersbedingt schwerhörige Menschen häufig zu tragen ablehnen, nicht immer vermeiden. Stigmatisierung kann aber auch zu einem kulturell verankerten architektonischen Stilelement ausgebildet worden sein, wenn Toiletten räumlich getrennt nach zwei Geschlechtern differenziert werden und als Drittes außerhalb davon geschlechterübergreifende resp. geschlechtslose ‚Behindertentoiletten' existieren. Hinzu kommt eine ästhetische Komponente, die meist rein funktional geprägt ist. Behindertengerechtigkeit verweist die Betroffenen damit immer zugleich auch auf eine Position außerhalb der nichtbehinderten Mehrheitsgesellschaft und macht sie damit zu Anderen.

Barrierefreiheit ist dagegen gleichstellungspolitisch motiviert und wurde in Deutschland vor allem mit Einführung des Gesetzes zur Gleichstellung behinderter Menschen (Behindertengleichstellungsgesetz – BGG) im Jahre 2002 von zunehmender Bedeutung, das Barrierefreiheit in § 4 definiert (vgl. auch Artikel 9 des Übereinkommens über die Rechte von Menschen mit Behinderungen, kurz: UN-Behindertenrechtskonvention, BRK). Hieraus gingen etwa in den Bereichen Architektur sowie Informations- und Kommunikationstechnologie Normen und Standards für Barrierefreiheit hervor. Es wird versucht, a priori zu gewährleisten, dass niemand, wie im Falle der Behindertengerechtigkeit, durch besondere Behandlung in eine marginalisierte Position gerät. Von Behinderung betroffene Menschen sind hier selbstverständlicher Teil der menschlichen Vielfalt. Gleichwohl wirkt im gleichstellungspolitischen Prinzip der Barrierefreiheit die Stigmatisierung der Behindertengerechtigkeit vielfach fort. Prägnanter Ausdruck dieser Kontinuität ist ein Symbol, das 1969 aus einem internationalen Wettbewerb hervorging und seitdem weltweit gebräuchlich ist: das Rollstuhlfahrersymbol, auch als *International Symbol of Access* bekannt. Ben-Moshe und Powell (2007, 490), die sich intensiv mit diesem Symbol beschäftigt haben, fragen sich: „Is it primarily a symbol of access or of disability?"[2] Ratzka (1998) lässt es den Protagonisten der Kurzgeschichte Crip Utopia, Crip van Winkle, auf den Punkt bringen: „I have always hated the sign [...] For me it means that somebody else decides where I am supposed to pee. I can't stand paternalism".[3]

Mit dem Dilemma der fortgesetzten Stigmatisierung versucht das Konzept des *Universellen Designs*[4] umzugehen (UD), das unter Federführung des von Behinderung betroffenen Architekten Ron Mace (Mace et al. 1997) in den USA entwickelt wurde. U.a. in Europa ist das Konzept des UD auch als Design for All und in Japan als Kyoyo-Hin adaptiert worden (Seelman 2005). Hier wird auf stig-

---

2 „Ist es eher ein Symbol für Barrierefreiheit oder für Behinderung?"

3 „Ich habe dieses Zeichen (das Rollstuhlfahrersymbol) immer gehasst. Für mich bedeutet es, dass andere darüber entscheiden, wo ich zu pinkeln habe. Diesen Paternalismus empfinde ich als unerträglich" (deutsche Übersetzung der Verf.).

4 Hier wird in Anlehnung an das Übereinkommen über die Rechte von Menschen mit Behinderungen, kurz: UN-Behindertenrechtskonvention (BRK), einzig von Universal Design gesprochen, ohne damit eine bestimmte Ausformung dieses Konzepts zu bevorzugen.

matisierende Symbolik möglichst verzichtet und besonderer Wert auf die Gebrauchstauglichkeit gelegt, um idealiter barrierefreie Produkte und Dienstleistungen für alle Nutzergruppen interessant zu machen. Dies ist zugleich die große Herausforderung an die Entwicklung eines UD, da die Interessen und Anforderungen an das jeweilige Produkt gleichermaßen allumfassend und unspezifisch sind. Letztlich entscheidet hier aber vor allem die wirtschaftliche Logik über die Ausformung des Universellen. Davidson (2006, 117) merkt unter einer globalen Perspektive zudem kritisch an: „[U]niversal design refers to the global aspirations of wealthy countries in configuring development around growth rather than social improvement".[5]

Der Aspekt der sozialen Verbesserung und damit die Förderung von Selbstbestimmung und Teilhabe von Behinderung betroffener Menschen liegt dem Prinzip der Barrierefreiheit zugrunde, droht jedoch im Konzept des Universellen Designs wieder ins Hintertreffen zu geraten. Um diesen Aspekt zu stärken, halten wir daher insbesondere die Beteiligung von Behinderung betroffener Menschen an der Entwicklung von Produkten und Dienstleistungen, die zudem über die bloße Funktion als Testperson (*user involvement*) hinaus geht, für außerordentlich wichtig.

Nicht zuletzt führt der demografische Wandel in den westlichen Staaten zu einem allgemeinen Rückgang der Bevölkerungszahlen, was sich auf die Erwerbsstruktur auswirkt (BMBF 2009). Der 12. koordinierten Bevölkerungsvorausberechnung des Statistischen Bundesamtes zufolge wird im Jahr 2060 jedeR Dritte 65 Jahre und älter sein. Der Mikrozensus 2011 des Statistischen Bundesamtes ergab zudem, dass die Zahl der amtlich anerkannten von Behinderung betroffenen Menschen in Deutschland 2009 mit 9,6 Millionen gegenüber 2005 um 11 % gestiegen ist. Damit verortet der demografische Wandel die Evidenz von Barrierefreiheit in einem gesamtgesellschaftlichen Kontext, in dem Behinderung keineswegs mehr von nur marginaler Bedeutung ist. Vielmehr führen die Veralterung der Gesellschaft und die sukzessive Zunahme von Behinderung im Alter zu veränderten Bedürfnislagen in allen menschlichen Lebensbereichen. Barrierefreies Bauen und barrierefreie Umweltgestaltung werden somit eine immer bedeutendere Rolle spielen.

---

5 „Universal Design beruht auf den globalen Ambitionen der reichen Länder und dient vorrangig dazu, wirtschaftliches Wachstum zu erzielen, statt zur Verbesserung der sozialen Lage beizutragen" (deutsche Übersetzung der Verf.).

Partizipation

„When designing products, people often work from stereotypical and inaccurate beliefs about people with disabilities; they try to 'help the handicapped' by alleviating the problems they imagine people with disabilities encounter. Unfortunately, such products often miss the mark because their designs are based on unexamined assumptions. Inquiry into the true nature of accessibility needs must include the input of people with disabilities. Otherwise, the solution does not solve the problem, and the problem solvers contribute unwittingly to the loss of autonomy and civil rights for people with disabilities" (Tusler 2005).[6]

Es ist ein fundamental wichtiges Anliegen, von Anfang an nach geeigneten Wegen für Partizipation zu suchen, da insbesondere die Planungs- und Entwurfsphase „der wichtigste Ansatzpunkt für normative Erwägungen" (Ropohl 1996, 94) ist. So geben Heiss et al. (2009, 7) zu bedenken, dass häufig erst nachträglich festgestellt werde, dass „sich gesellschaftliche Umstände in der Form der geplanten und gebauten Umgebung ablesen lassen." Grundsätzlich bleibt zudem zu berücksichtigen, dass noch so hilfreiche Normen und Standards für Barrierefreiheit oder UD kaum etwas an den Vorannahmen und Einstellungen vor allem nichtbehinderter IngenieurInnen zu Menschen, die von Behinderung betroffen sind, ändern: „Yet current urban planning is inscribed by a 'design apartheid' where urban planners, architects and related officials are guilty of constructing spaces that exclude disabled people and prioritize the dominant values of the temporarily able-bodied community" (Ben-Moshe/Powell 2007, 494).[7]

Für konkrete Bauvorhaben bedeutete Partizipation aus dieser Sicht, dass sich alle Beteiligten aktiv in die Zusammenarbeit einbringen und gemeinsam voneinander lernen wollen. Die Beteiligung von Behinderung betroffener Menschen von Anbeginn erhöht möglicherweise die Anforderungen an die Planungen. Solche

---

6 „Bei der Gestaltung von Produkten wird oft von stereotypen und ungenauen Vorstellungen ausgegangen, indem Nichtbehinderte sich vorzustellen versuchen, mit welchen Problemen Menschen mit Behinderung konfrontiert sind, um zu Lösungen zu gelangen. Leider verfehlen solche Produkte oft ihren Zweck, weil ihre Entwürfe auf ungeprüften Annahmen beruhen. Um wirkliche Barrierefreiheit erzielen zu können, müssen Menschen mit Behinderung befragt werden. Andernfalls wird sich das Problem nicht lösen, und die Problemlöser tragen so unbewusst dazu bei, Menschen mit Behinderung ihrer Autonomie und bürgerlichen Rechte zu berauben" (deutsche Übersetzung der Verf.).

7 „Die aktuelle städtebauliche Planung wird von einem ‚Apartheid-Design' beherrscht, indem StadtplanerInnen, ArchitektInnen und VertreterInnen der einschlägigen Behörden Räume gestalten, die sich an den Werten und Bedürfnissen der zeitweise nichtbehinderten Gemeinschaft orientieren und dabei Menschen mit Behinderung ausgrenzen" (deutsche Übersetzung der Verf.).

Komplexitätssteigerung hätte für PlanerInnen jedoch eine berufsprofessionelle Kompetenzerweiterung zur Folge. Weitere Vorteile ergeben sich:

- Im Rahmen einer systematischen und zielgerichteten Planung können von Behinderung betroffene Menschen ihr Wissen und ihre Erfahrungen in die Planungsprozesse einbringen und auf diese Weise zu architektonischen Lösungen beitragen, die nicht von falschen Vorannahmen und ‚Design-Apartheid' geprägt sind und von DIN-Normen und Standards allein nicht wiedergegeben werden können.
- Diese Kompetenz von Behinderung betroffener Menschen ermöglicht auch innovative und nachhaltige Lösungen.
- Sämtliche Schritte des architektonischen Planens und Entwerfens bis hin zu konkreten Bauvorhaben können fortlaufend begleitend kritisch evaluiert werden und damit frühzeitig erforderliche Änderungen aufgreifen, die später nur mit zusätzlichem Kostenaufwand verändert werden könnten.

Darüber hinaus könnten in Forschung und Lehre das gemeinsame Finden, Sammeln, Weiterentwickeln und Verknüpfen von Ideen und Visionen zu einem kreativen gleichwie synergetischen Prozess führen. So konstatieren Priestley et al. (2010), dass zum einen eine größere Wahrscheinlichkeit für Synergien zwischen dem Hervorbringen neuen Wissens und seiner praktischen Verwendbarkeit bestehe, wenn Organisationen der Behindertenhilfe bereits bei der Festlegung von Forschungsthemen (*agenda setting*) einbezogen werden. Zum anderen biete das Einbeziehen von Behindertenorganisationen in den Forschungsprozess die Möglichkeit, die Relevanz akademischer Theorien und Konzepte auf ein größeres Publikum auszuweiten. Es werden vier Forderungen abgeleitet (744):

1. „provide support for the active participation of disabled people's organisations in European research as full and equal partners"[8];
2. „develop a user-led European research agenda to promote disability equality in all areas and at all levels of society"[9];
3. „create opportunities and build new research collaborations between universities, policy makers and disabled people's organisations";[10]

---

8   „die Unterstützung aktiver Partizipation von Organisationen behinderter Menschen als vollwertige und gleichberechtigte PartnerInnen ist in der europäischen Forschung zu gewährleisten" (deutsche Übersetzung der Verf.);
9   „eine benutzergeleitete europäische Forschungsagenda ist zu entwickeln, um die Gleichstellung von behinderten Menschen in allen Bereichen und auf allen Ebenen der Gesellschaft zu fördern" (deutsche Übersetzung der Verf.);

4. „ensure that disability equality is addressed in all areas of research funded at the European level"[11].

Auf diesem Wege könnten wichtige Modelle für Partizipation sowie partizipative Forschung und Lehre (weiter-)entwickelt werden, deren Anwendungsbezug von Anbeginn berücksichtigt wäre.

Ausblick

Die hier vorgestellten Überlegungen könnten hinsichtlich des Aspekts der Partizipation systematisch zu einer Architektur der Gleichstellung ausgebaut werden. Die beratende und begleitende Beteiligung von Behinderung betroffener Menschen müsste theoretisch wie praktisch in den gesamten Prozess der Planungs- und Entwurfsphase bis hin zur Umsetzung implementiert werden. Dies schließt ausdrücklich auch die Bereiche Forschung und Lehre mit ein, denen eine entsprechend fundierte Weiterentwicklung und Vermittlung der hiesigen Ausführungen unter Einbeziehung aller Beteiligten obliegt. Außer Acht gelassen wurde bei allen Erörterungen allerdings die Frage einer leistungsgerechten Entlohnung jener Menschen, die beteiligt werden und ihr ExpertInnenwissen zur Verfügung stellen sollen. Dass dies nicht unter der Bedingung eines freiwilligen bürgerlichen Engagements geschehen kann, liegt auf der Hand: Einerseits lässt sich auf ein solches Engagement allenfalls hoffen, d.h. es ist nicht (ein-)planbar. Andererseits ist „die Wahrscheinlichkeit, als behinderter Mensch im Erwerbsleben zu stehen, in nahezu allen Alters- und Bildungsgruppen erheblich geringer [...] als bei Nicht-Behinderten" (BMFSFJ 2009, 561). Die Partizipation von Behinderung betroffener Menschen und die Nutzung ihres ExpertInnenwissens sind hingegen nicht nur unentbehrlich für eine nachhaltige Gewährleistung von Barrierefreiheit. Sie bieten darüber hinaus ein wichtiges Beispiel, wie sich innovatives Wissen generieren lässt, von dessen praktischen Nutzen alle profitieren – und an dessen ökonomischer Wertschöpfung alle gleichberechtigt miteinander teilhaben sollten.

---

10 „Möglichkeiten sind zu schaffen sowie neue Forschungskooperationen zwischen Hochschulen, Politik und Organisationen behinderter Menschen aufzubauen" (deutsche Übersetzung der Verf.);
11 „sicherzustellen ist, dass in allen Forschungsbereichen, die auf europäischer Ebene finanziert werden, die Gleichstellung behinderter Menschen verankert ist" (deutsche Übersetzung der Verf.).

Literaturverzeichnis

Ben-Moshe, Liat; Powell, Justin J. W. (2007): Sign of our times? Revis(it)ing the International Symbol of Access. In: Disability & Society, Vol. 22, No. 5, August 2007, 489-505.

Bundesministerium für Bildung und Forschung (BMBF) (2009): Auswirkungen von demographischen Entwicklungen auf die berufliche Ausbildung, Bonn, Berlin.

Bundesministerium für Familie, Senioren, Frauen und Jugend (BMFSFJ) (2009): Gender Datenreport 2009, Kommentierter Datenreport zur Gleichstellung von Frauen und Männern in der Bundesrepublik Deutschland: http://www.bmfsfj.de/Publikationen/genderreport/01-Redaktion/PDF-Anlagen /kapitel-neun,property=pdf,bereich=genderreport,sprache=de,rwb=true.pdf (01.09.2010).

Davidson, Michael (2006): Universal Design, The Work of Disability in an Age of Globalization. In: Davis, Lennard J. (Hg.): The Disability Studies Reader, 2. Aufl., New York, 117-128.

Heiss, Oliver; Degenhart, Christine; Ebe, Johann (2009): Barrierefreies Bauen, Grundlagen, Planung, Beispiele, München.

Mace, Ron et al. (1997): The Principles of Universal Design: http://www.ncsu.edu/ www/ncsu/design/sod5/cud/about_ud/udprinciplestext.htm (16.6.2011).

Priestley, Mark; Waddington, Lisa; Bessozi, Carlotta (2010): Towards an agenda for disability research in Europe, learning from disabled people's organisations. In: Disability & Society, 25: 6, 731-746.

Ratzka, Adolf D. (1998): Crip Utopia: http://www.independentliving.org/docs4/ratz kacu.html (12.9.2012).

Ropohl, Günter (1996): Ethik und Technikbewertung, Frankfurt am Main.

Seelman, Katherine D. (2005): Universal Design and Orphan Technology, Do We Need Both? In: Disability Studies Quarterly, Summer 2005, Volume 25, No. 3.

Tusler, Anthony (2005): How to Make Technology Work, A Study of Best Practices in United States Electronic and Information Technology Companies. In: Disability Studies Quarterly, Spring 2005, Volume 25, No. 2.

Ein Lehrhaus für Alle, Part 1:
Bedeutung, Aufgaben und Ziele von Partizipation

Joachim Becker und Christian Judith

Einleitung

Wer in Buenos Aires an einem Sonnabend um 14.30 Uhr das Radio einschaltet, hat die Chance, den Sender „Radio Colifata" zu empfangen.

Der „Sender, der die Mauern bricht", wie er auch genannt wird, sendet direkt aus dem Krankenhaus „Jose T. Borda"; die Sendungen werden ausschließlich von psychisch kranken Menschen gestaltet, die z.T. lange Jahre in der Psychiatrie zubringen. Sie berichten in den Sendungen von ihrem Alltag, geben eigene kulturelle Beiträge etc. Der Erfolg des Projektes ist groß. Nicht nur, dass die Menschen die Möglichkeit haben, auf ihre Lage hinter Krankenhausmauern aufmerksam zu machen, es hat auch vielen von ihnen sehr geholfen, ihre Situation zu verbessern und die Anstalt zu verlassen.

Die Geschichte von Radio Colifata, dem „Radio der Durchgeknallten", wie es übersetzt heißt, ist interessant. Vor 18 Jahren war einer der in der psychiatrischen Klinik arbeitenden Psychologen eingeladen, in einer Rundfunksendung über seine Arbeit und seine Patienten zu berichten. Sein Gedanke war, dass seine Patienten viel besser selbst über sich sprechen könnten. So kamen sie selbst im Rundfunk zu Wort und so entstand die Idee einer eigenen Radiostation im Krankenhaus.

Was soll diese Geschichte an dieser Stelle? Sie ist ein sehr gutes und erfolgreiches Beispiel für Partizipation, also für Teilhabe. Rundfunksendungen werden normalerweise von Fachleuten gemacht.

Otto Normalverbraucher und zumal behinderte Menschen sind in aller Regel nur Objekte der Berichterstattung. Hier aber stehen die Menschen nicht im Fokus einer außengesteuerten Berichterstattung, sondern sie berichten selbst und vor allem selbstbestimmt über sich und ihre Situation.

Planung und Partizipation

Unser Leben braucht Planung. Um Ziele zu erreichen, ist es zunächst erforderlich, diese zu ergründen und zu benennen. Dann müssen Handlungsschritte skizziert und praktisch umgesetzt werden, die zum Erreichen der jeweiligen Ziele führen.

Fast alle Lebensgrundlagen bedürfen der Planung. Planung ist eine existentielle Grundbedingung. Wichtig ist dabei immer, inwieweit ein Individuum an der Planung seiner Lebenswelt teilhaftig ist. Je eigenständiger ein Mensch in der Lage ist, seine lebensweltliche Realität planerisch zu beeinflussen, desto selbstbestimmter ist sein Leben.

In einer in hohem Maße arbeitsteiligen Gesellschaft ist es natürlich nicht möglich, alles allein zu planen. Zum einen müssen viele Planungen von Fachleuten durchgeführt werden, weil der Gegenstand der Planung zu komplex ist und viel Fachwissen erfordert, zum anderen ist oftmals die Abwägung mit den Zielen anderer erforderlich, um Konflikte zu vermeiden oder zu moderieren.

Dennoch bleibt die grundsätzliche Einflussnahme auf die lebensweltlichen Zielsetzungen und Planungsschritte ein hohes Gut und ein Grundrecht eines selbstbestimmten Menschen.

Gerade Menschen mit Behinderung sind oft in der Situation, dass sie kaum selbstbestimmt planen können, sondern dass von außen massiv in ihre Lebensplanung eingegriffen wird. Das geschieht bei so alltäglichen Dingen wie der Wahl des Mittagessens wie bei so grundlegenden wie der Wahl oder der Ausgestaltung des Wohnortes und des Arbeitsplatzes.

Auch das Prinzip der Behindertenhilfe zielt oft genug noch darauf ab, den Menschen quasi vorgefertigte Problemlösungen aufzudrücken. Erst ganz allmählich und noch keineswegs vollständig greifen Instrumente der Mitwirkung an der Planung der Lebenswelt, die in den letzten Jahren geschaffen wurden, wie z.B. Mitwirkungsverordnungen im Rahmen der Heim- bzw. Werkstattgesetzgebung, die Einführung unterschiedlicher ambulanter Wohnformen oder des „persönlichen Budgets" etc.

Generell ist die Unmöglichkeit der Planung eigener Belange in besonderer Weise Teil der Behinderung. Es reicht nicht aus, barrierefreie Umgebungen zu schaffen, auch die Prozesse, die dahin führen, müssen barrierefrei sein und damit Selbstbestimmung ermöglichen.

Es wird deutlich, dass der Begriff einer „guten Planung" nicht nur mit der Vorstellung eines guten Ergebnisses verbunden ist, sondern in besonderer Weise auch einen Prozess beschreibt, der bestimmte Qualitäten haben muss.

Bei dieser Veranstaltung geht es um die Planung eines „Lehrhauses für Alle". Ich möchte daher die Frage nach der Partizipation auf der Ebene der Planung der gebauten Umwelt genauer beleuchten. Die baulich-räumliche Planung ist ein hochkomplexer Prozess, in dem sehr unterschiedliche Akteure mit sehr unterschiedlichen Werthaltungen, aber auch sehr unausgewogen verteilten Machtmitteln aufeinander treffen.

Dieter Hoffmann-Axthelm hat einmal über das Wesen der Stadtplanung geschrieben, sie sei dazu bestimmt, sich zwischen den „Mühlsteinen des Anlagekapitals und der Kommunalpolitik" zermalmen zu lassen.

Dies gilt in ähnlicher Weise leider auch für die Planung öffentlicher Gebäude – und darum soll es sich beim „Lehrhaus für Alle" in besonderer Weise handeln. Gerade bei der Errichtung öffentlicher Gebäude spielt eine Unzahl unterschiedlicher Profit- und Profilierungsinteressen eine Rolle. Gerade bei der Planung von Gebäuden, die per definitionem der Allgemeinheit dienen sollen, bleiben die Interessen derjenigen, die später diese Gebäude nutzen sollen, oft genug auf der Strecke.

Ist im Bereich der Stadtplanung die Beteiligung der Öffentlichkeit wenigstens rudimentär vorgeschrieben, so ist dies bei der Planung von Gebäuden der öffentlichen Hand oder für öffentliche Nutzung so nicht der Fall. Ausnahmen, z.B. für Bahnanlagen, bestätigen die Regel.

Dies ist nicht nur unter dem Gesichtspunkt einer auf Eigenverantwortung und Selbstbestimmung der Menschen beruhenden Zivilgesellschaft ein Unding.

Die Qualität eines Gebäudes wird erheblich gemindert, wenn diejenigen, die das Gebäude später nutzen sollen, ihr spezifisches Fachwissen, nämlich das über ihre eigenen Bedürfnisse, nicht einbringen können.

Aber nicht nur die Qualität des Ergebnisses der Planung wird verbessert. Ein auf der wirksamen Einbindung der späteren Nutzer eines Gebäudes beruhender Planungsprozess bringt es mit sich, dass bürgerschaftliches Engagement und zivilgesellschaftliche Strukturen gestärkt werden. Gerade vielfach benachteiligten Menschen – z.B. Menschen mit Behinderung – wird ermöglicht, am gesellschaftlichen Fortschritt teilzuhaben und diesen mitzugestalten.

Hierzu ist es allerdings erforderlich, dass der Prozess der Planung und die Teilhabe an der Planung – die Partizipation – so barrierefrei wie möglich durchgeführt werden.

Barrieren in der Partizipation

Behinderte Menschen treffen im Bereich der Teilhabe an (öffentlichen) Planungsprozessen auf eine Vielzahl von Barrieren, die es zu beseitigen gilt:

- Veranstaltungsorte sind nicht barrierefrei erreichbar, zugänglich und nutzbar
- Informationen über die Planung sind nicht zugänglich bzw. nicht ausreichend aufbereitet (z.B. Brailleschrift, Großdruck, leichte Sprache)
- Besondere Bedürfnisse der Kommunikation werden nicht berücksichtigt (z.B. Gebärdensprache)

- Die Beteiligung ist nicht ergebnisoffen, d.h. viele Planungsschritte sind schon festgelegt. Der (scheinbare) Partizipationsprozess erschöpft sich in einer mehr oder weniger ausschließlichen Information der Beteiligten.

Eine der größten Barrieren in partizipativen Planungsprozessen – gerade unter der Beteiligung behinderter Menschen – besteht in der Tatsache, dass die Beteiligten nicht auf gleicher Augenhöhe verhandeln. Die Vertreter von Investoren, Bau- und Planungsträgen, der öffentlichen Hand etc. sind oftmals nicht bereit, sich auf die Vorschläge, Anregungen und Bedenken der behinderten Menschen einzulassen.

Zum einen wird deren eigentliche Expertenrolle, nämlich über die eigene Lebenswelt und die eigenen Bedürfnisse umfassend Bescheid zu wissen, ignoriert. Zum anderen werden Vorschlage gern mit Verweis auf fehlendes Fachwissen der Bürger und unter dem Vorwand einer technischen oder sonstigen Undurchführbarkeit abgebügelt. Hierzu ist es erforderlich, den an einem Planungsprozess Beteiligen Fachleute zur Seite zu stellen (z.B. Architekten). Konzepte hierzu sind unter dem Stichwort der „Anwaltsplanung" bereits seit 40 Jahren bekannt, werden aber leider so gut wie nie umgesetzt.

Wie kann der Prozess der Planung barrierefrei gestaltet werden und warum?

Wenn etwas barrierefrei geplant werden soll, dann ist es wichtig, möglichst viele Interessen vieler Menschen in die Planung mit einzubeziehen. Nur dann wird das Geplante auch die Möglichkeit haben, den Bedürfnissen der Nutzer gerecht zu werden. Um möglichst viele Menschen in die Planung mit einzubeziehen, muss auch schon der Prozess der Planung barrierefrei sein.

Barrierefreiheit muss umfassend gedacht werden. Der Gedanke der Barrierefreiheit beschränkt sich nicht nur auf Menschen im Rollstuhl.

Natürlich müssen in den Prozess der Planung auch die Interessen von sehbehinderten und blinden Menschen berücksichtigt werden, genauso wie von schwerhörigen oder gehörlosen Menschen und ebenfalls von Menschen mit Lernschwierigkeiten[12] oder Menschen mit psychischen Besonderheiten. Natürlich müssen genauso die Bedarfe von Kindern, den Eltern und den älteren Menschen, eben von allen, bedacht werden. Nur wenn dies geschieht, können wir von Inklusion sprechen. Inklusion meint „mittendrin statt nur dabei".

---

12 Der Begriff „Lernschwierigkeiten" wird von mir verwendet, da andere Begriffe wie „geistige Behinderung" von den entsprechenden Selbsthilfe-Vereinen als Beleidigung abgelehnt werden.

Doch nun zum Prozess der Planung: Am Anfang steht immer die Idee. Die Idee wird entwickelt und wächst wird größer und klarer. Möchte ich, dass diese Idee mit anderen geteilt wird, mache ich sie bekannt.

So geschehen bei dem Planungsprozess eines neuen Stadtteils in Hamburg „Eine Mitte für Alle – eine besondere Chance für Altona". Hier wurde ein Aufruf verfasst, um Menschen einzuladen, sich an der Planung dieses neuen Stadtteils zu beteiligen. Dieser Aufruf ist wie viele Aufrufe platzsparend auf einer DIN A 4 Seite gestaltet worden. Er hat eine kleine Schrift, eine schwere Sprache und ist als Blocksatz[13] gestaltet. Ein solcher Aufruf spricht viele an. Aber nicht alle! Menschen mit Lernschwierigkeiten brauchen einen anderen Aufruf, einen Aufruf, der so gestaltet ist, dass auch sie diesen verstehen und sich eingeladen fühlen, sich überhaupt mit dem Thema auseinanderzusetzen.

Deshalb wurde dieser Aufruf in die sogenannte leichte Sprache übersetzt. Diese Sprache hat ganz eigene Regeln und ein eigenes Layout. Jetzt ist der Aufruf mehrere Seiten lang, hat viele Bilder, große Schrift, bunt gestaltet und linksbündig[14] geschrieben und hat eine viel leichtere Sprache. Dieser Aufruf ist von vielen Menschen einfacher und schneller zu verstehen, z.B. auch von denen, die nicht so gut Deutsch sprechen können.

Beginnen wir nun aber mit dem Prozess der Planung. Am Anfang steht die Einladung zum Prozess der Planung, hier muss schon bei der Wahl des Ortes nachgedacht werden, ob dieser Ort von allen erreicht werden kann. Auch hier müssen wir natürlich schon barrierefrei denken.

Ist der Ort gut zu erreichen, auch mit Bus und Bahn, gibt es Parkplätze in der Nähe, sind die Bordsteine auf dem Weg dorthin abgeflacht, können sehbehinderte oder blinde Menschen den Weg gut zum Veranstaltungsort finden? Oder brauchen wir vielleicht einen zentralen Treffpunkt, von dem aus ein Assistent oder eine Assistentin Besucher abholt und sie zum Veranstaltungsort führt?

Die Einladung muss auch in leichter Sprache verfasst werden, damit eben alle eingeladen werden und sich auch eingeladen fühlen.

Wird zu einer Veranstaltung eingeladen, bei der sich die Teilnehmenden anmelden müssen, können wir mit dieser Anmeldung bestimmte Wünsche und Bedarfe einladend abfragen, z.B. ob eine Schriftmittlung oder die Gebärdensprache gewünscht wird oder ob noch etwas anderes bedacht werden darf.

---

13 Blocksatz heißt, jede Zeile ist gleich lang beschrieben, es sieht ordentlicher aus, aber die Zeilen sind schlechter voneinander zu unterscheiden.
14 Linksbündig bedeutet, jede Zeile hat ihre eigene Länge, der Abstand zwischen den Buchstaben ist gleich groß.

Der Ort selber muss natürlich auch barrierefrei sein, d.h. keine Treppen oder Stufen ohne Rampe oder Aufzug.

Im Juni 2011 führte CHE[15] eine Tagung im Rahmen des Projektes „Ungleich besser! Verschiedenheit als Chance" in Köln durch. Zu dieser Tagung wurde ich als Referent eingeladen und es gab auch ein halbes Jahr vor der Veranstaltung ein Gespräch. Bei diesem Gespräch ging es darum, unter Verschiedenheit (Diversity) auch Menschen mit Behinderung zu fassen, genau deshalb bin ich eingeladen worden. Wir sprachen auch über Barrierefreiheit auf der Tagung und wie im Vorfeld diese beworben werden kann.

Ich kam nun zu dieser Tagung und das Erste, was ich sah, war eine Stufe, die mir ein selbstständiges Hereinkommen verwehrte. Dann kam ich zum Anmeldeschalter.

Foto 1: Anmeldeschalter in zwei verschiedenen Höhen

Der Anmeldeschalter (Foto 1) war so gestaltet, das der stehende Mensch sich prima anmelden konnte. Für Menschen, die nicht so groß sind, war der Anmeldebereich an einer Stelle abgesenkt. Das war klasse, doch ein Anmelden war auch

---

15 CHE: Centrum für Hochschulentwicklung

hier nicht möglich, da auf dieser niedrigeren Ebene Material lag, das sich die Teilnehmenden mitnehmen durften.

Mit das Wichtigste auf den Tagungen sind die Kontakte und Gespräche, die sich in den Pausen ergeben, und meist sind diese Pausen mit etwas zu trinken und zu essen verbunden.

So natürlich auch auf dieser Tagung. Wie beschrieben, ich war als Referent eingeladen und bekannt, und wir haben im Vorfeld die Barrierefreiheit besprochen.

Doch das mit dem Essen war nicht so einfach. Weder war das Buffet barrierefrei noch gab es die Möglichkeit, sich irgendwo entspannt nieder zu lassen. Es gab nur Stehtische. Stehtische, die sehr groß waren, so dass bis zu sechs oder acht Personen daran Platz finden konnten. Ich hatte dort keine Chance, etwas zu essen, also musste ich meinen Teller direkt auf das Buffet stellen und dort als einziger essen.

Foto 2: Saal mit Stehtischen in der Kaffeepause

Das Bild, das hier gezeigt ist (Foto 2), zeigt die Pausensituation im Foyer des Veranstaltungsortes. Hier gab es den obligatorischen Kaffee mit Keksen, natürlich auch hier wieder nur Stehtische, ein Gespräch auf Augenhöhe war nicht möglich.

Auf dieser Tagung war ich eingeladen, fühlte mich aber nicht eingeladen, sondern nicht beachtet, fühlte mich übergangen und als störend im Gleichklang dieser homogenen stehenden Tagungsgesellschaft. Auf meine Bedürfnisse wurde nicht eingegangen. Es wurden sich keine Gedanken darüber gemacht, welchen Bedarf ich habe.

Warum beschreibe ich Ihnen dies? Es geht nicht darum, mein Unwohlsein Ihnen mitzuteilen. Es geht darum, deutlich zu machen, was eingeladen heißt. Eingeladen heißt „mittendrin statt nur dabei".

Nun noch ein weiteres Beispiel dieser Tagung, auf der über die Idee und Notwendigkeit und des Gewinns der Diversity gesprochen wurde. Wenn Mensch etwas isst und trinkt, so verlangt es ihn nicht selten auch nach einem stillen Ort des Wieder-von-sich-Gebens – der Toilette. Beschreiben möchte ich den Lesern den Weg zu diesen Toiletten.

Ja, es gab sie, die Toiletten, und es gab auch eine barrierefreie. Doch nun machen wir uns auf den Weg dorthin. Die Toiletten und zwar alle (das ist auch gut so) waren auf einer Ebene, in diesem Fall im Untergeschoss. Menschen, die zu Fuß gehen, fanden ihren Weg über eine sehr schöne Treppe mit einem ausgesprochen schönen Geländer aus Holz (Foto 3). Diese Treppe war einladend, mächtig und strahlte etwas Erhabenes aus, eben wunderschön. Wer die Treppen nicht nehmen konnte, für diese Menschen gab es einen Fahrstuhl.

Dieser war nicht erhaben, sondern gezeichnet von vielen Gebrauchsspuren. Nun so ist es halt, wenn ein Fahrstuhl genutzt wird.

Doch der Weg zu diesem Fahrstuhl war im Untergeschoss weder einladend noch angenehm (Foto 4). Eigentlich wäre der Weg sehr schön gewesen, auch breit und hätte ähnlich gestrahlt wie die Treppe. Doch hier stand überzähliges Mobiliar, nicht genutzte Tische auf Transportwägen, Garderobenständer und Ähnliches. Der Weg war mit einer Kordel versperrt. Diese Kordel war zwischen Ständern gespannt, so ähnlich kennen wir dies vom roten Teppich. An einer Stelle waren die Ständer zusammengestellt, so dass keine Durchfahrt möglich war. Nennen wir diese Bilder (Fotos 3 und 4): „Der Weg zu den Toiletten und zurück."

Foto 3: Treppe mit Geländer nach oben

Foto 4: Saal im Untergeschoss mit Säulen und Verengung des Wegs zum Fahrstuhl durch eine Kordel

Die Kordel war ein klares Zeichen, hier soll keiner durch. Wer sich hier den Weg zum Fahrstuhl bahnt, muss um diese leeren Möbel und Gegenstände herumfahren. Diese Situation ist nicht einladend und schon gar nicht gleich behandelnd.

Für die „Masse" wird es schön gemacht, für Menschen, die nicht zu dieser Masse gehören, gibt es Sonderwege und findet damit Ausgrenzung statt.

Natürlich wirkt so etwas. Was soll ich fühlen und wie mich verhalten auf so einer Veranstaltung, wie soll ich hier gleichberechtigt mitmachen, wenn alle Zeichen zeigen, wir sind nicht gleichberechtigt?

Zuerst unbewusst entsteht ein ungutes Gefühl, eine Ablehnung, die sich bei mir so sehr verstärkte, dass ich gar keine Freude mehr an dieser Veranstaltung hatte und froh war, als sie vorbei war.

Was heißt dies für unser barrierefreies Planungsverfahren? Wie am Anfang schon gesagt: Sich eingeladen fühlen ist wichtig, gleichberechtigt behandelt werden ist wichtig und natürlich auch zu merken, man ist bedacht worden. Wenn dies erlebt wird, werden andere „Fehler" nicht mehr so als schwerwiegend empfunden und dies zieht sich durch die gesamte Veranstaltung.

Für den Planungsprozess sollen hier einige Stichwörter genannt werden, woran gedacht werden sollte:

- Die Räumlichkeit und die Erreichbarkeit müssen auf Barrierefreiheit geprüft werden.
- Dies gilt auch für Bus und Bahn, Parkplatz etc.
- Brauchen wir ein Leitsystem, um den Weg zu finden, brauchen wir dafür Assistenz?
- Alles sollte so geschrieben werden, dass alle es verstehen. Wir brauchen dafür leichte Sprache, und wir brauchen mehr Zeit, weil das Gesagte oder Geschriebene übersetzt werden muss.
- Wir brauchen Möglichkeiten, die Ergebnisse wahrnehmbar zu machen, und zwar hörbar, fühlbar, sehbar und leicht verständlich.
- Dies gilt auch für die Zwischenergebnisse.
- Vielleicht brauchen wir bei diesem Prozess Assistenten und/oder Unterstützer.

Was alles wie bedacht sein kann und sollte, ist so umfassend, dass wir es nicht schaffen, dies in wenigen Zeilen darzustellen. Wir als Firma K Produktion haben auf unserer Internetseite eine von uns erstellte sehr umfassende Handreichung als Download bereitgestellt. Sie finden diese Handreichung als eine barrierefreie PDF unter dem Titel „Handreichung und Checkliste für barrierefreie Veranstaltungen".

Beispiele für mangelnde Partizipation

Die technischen Konzepte für die Sicherstellung einer barrierefreien Zugänglichkeit und Nutzbarkeit von Gebäuden sind mittlerweile vielfach vorhanden – wenn
auch oft in gestalterisch unbefriedigender Weise. Vor diesem Hintergrund ist es
bestürzend, bei wie vielen neuen Gebäuden oftmals geradezu groteske bauliche
Barrieren vorzufinden sind. Diese hätten durch eine rechtzeitige Beteiligung
behinderter Menschen an der Planung auf einfache Weise vermieden werden
können. Diese Barrieren mindern entweder auf Dauer den Nutzungswert des
Gebäudes oder müssen im Nachhinein kostspielig beseitigt werden. Hierzu stellen
wir im Folgenden einige Beispiele vor.

Es handelt sich hierbei um Gebäude der Universität Hamburg (UHH), die im
unmittelbaren Umfeld dieser Veranstaltung zu finden sind. Mit einer Ausnahme
handelt es sich um ein bestimmtes Gebäude, das zu den neuesten Bauwerken
der UHH zählt.

Foto 5: Eingangssituation des Gebäudes ESA 1 Ost

Leider sind sie keineswegs Einzelfälle, sondern pars pro toto in vielen öffentlichen Gebäuden so oder so ähnlich oder noch wesentlich gravierender zu finden.

Wir sehen in diesem Bild (Foto 5) eine der Außentüren des Gebäudes ESA 1 Ost. Es ist die einzige, die durch einen Motor angetrieben wird und daher von Menschen mit bestimmten motorischen Behinderungen genutzt werden kann. Drückt man auf den Knopf rechts neben der Tür, passiert erst einmal nichts, was durchaus irritiert. Hier wäre ein optisches und akustisches Signal angebracht, das die Betätigung des Knopfes quittiert.

Viel schwerer wiegt allerdings, dass die Tür sich dann in der Richtung des Knopfes öffnet. Ein Mensch, der sich nicht schnell genug von dem Knopf wegbewegt, wird von der Tür getroffen und schlimmstenfalls zwischen Tür und Papierkorb eingeklemmt. Die Anbringung des Bedienelementes an einem kleinen Mast o.Ä. in entsprechendem Abstand vor der Tür würde die Situation entschärfen.

Foto 6: Weg vom Gebäude ESA Ost 1 zum Altbau

Das Foto (Foto 6) zeigt den Übergang zwischen dem Neubau (ESA 1 Ost) der Universität Hamburg mit dem Altbau. Dieser neue Weg zeigt nur Stufen, obwohl genügend Platz für eine Rampe wäre. Als Mensch, der keine Stufen steigen kann, bedeutet dies einen riesigen Umweg zu gehen bzw. zu fahren. Das Gelände der Universität muss dafür verlassen werden. Hier wird wieder deutlich, Menschen, die nicht Stufen steigen können, sind weder als Student noch als Dozent hier eingeladen bzw. wurden sie bedacht. Für sehbehinderte Menschen fehlen hier an den Stufen gut sichtbare Markierungen. Ganz zu schweigen von einem Geländer, das ebenfalls fehlt.

Ein weiteres Foto (Foto 7) zeigt den Eingang in den großen Hörsaal (Audimax) der Universität Hamburg. Der große Hörsaal wird benutzt für viele unterschiedliche Veranstaltungen. Auch für Veranstaltungen, die nichts mit der Lehre zu tun haben. Auf dem Foto ist eine geöffnete Tür zu sehen mit einem Zeichen für Rollstuhlfahrer, was übrigens so hoch angebracht ist, dass es nicht auf Augenhöhe von sitzenden oder kleinen Menschen gesehen werden kann. Hinter dieser geöffneten Tür sehen wir Stufen. Und ich frage mich, wie kommen hier Menschen, die keine Stufen steigen können, hinein?

Foto 7: Eingang zum rollstuhlgerechten Hörsaal – nur über eine Treppe zu erreichen

Foto 8: Flügeltür mit schlecht erkennbarem und unzugänglichem Türöffner

Das letzte Bild zeigt wieder den schönen Neubau ESA 1 Ost (Foto 8). Dieses Bild
zeigt den Eingangsbereich. Es ist ein Suchbild. Wo befindet sich der elektrische
Türöffner? Auf diesem Foto ist die Ausgangtür zu sehen, an der Wand daneben
sind ganz viele Knöpfe und einer davon ist der Türöffner. An dieser Wand gibt es
Lichtschalter, Feueralarmknopf, den Türöffner und irgendeinen Schalter für
Fluchtwege. Der Türöffner ist nicht gekennzeichnet.

Und vor dieser Wand standen bei der Entstehung des Fotos zwei Feuerlöscher
und ein Mülleimer. So kann Mensch sicher sein, dass der Türöffner von denjenigen, für die dieser gedacht war, nicht genutzt werden kann.

Wieder erleben wir hier Gedankenlosigkeit, und wieder erleben wir hier das
Nicht-eingeladen-Sein.

Um solche Fehler zu vermeiden, ist es wichtig, dass der Prozess der Planung
so angelegt ist, dass eine Partizipation möglich ist. Diese Partizipation macht den
Planungsprozess langsamer und wird auch mehr kosten. Dafür wird er wesentlich
gründlicher, vermeidet kostspielige Fehler und spart mit Sicherheit einen x-fachen
Betrag der Planungsmehrkosten.

Foto 9: Gefahr durch freistehende Treppe im Foyer

Freistehende Treppen sind in Foyers wie diesen (Foto 9) sehr beliebt. Gleichwohl stellen sie eine erhebliche Gefahr für sehgeschädigte Menschen dar.

Sehbehinderte Menschen sehen die Treppe wegen mangelnder Kontraste nicht, blinde Menschen haben keine Chance, sie mit Hilfe des Langstockes, mit dem sie den Boden abtasten, zu erkennen. Stößt man mit dem Kopf gegen die Betonkante der Treppe oder die Metallkante einer Geländerstütze, sind schwerwiegende Verletzungen nicht ausgeschlossen.

Foto 10: nicht barrierefreie Bedienungselemente im Innenraum eines Fahrstuhls

Dieser Fahrstuhl ist für viele behinderte Menschen nicht zu bedienen und damit sinnlos (Foto 10). Blinde und sehbehinderte Menschen können nicht erkennen, auf welchen Knopf sie drücken. Es fehlt an einer tastbaren und kontrastreichen Beschriftung.

Viele Menschen im Rollstuhl und kleinwüchsige Menschen kommen gar nicht erst an die Knöpfe heran, weil sie zu hoch angebracht sind. Alle namhaften Fahrstuhlhersteller haben entsprechend barrierefreie Bedienelemente in ihrem Angebot. Falls nicht, sind sie nicht geeignet, Aufträge der öffentlichen Hand zu bekommen.

Ein Lehrhaus für Alle, Part 2:
Vorstellung einer Projektinitiative

Bernd Kritzmann

In Zusammenarbeit mit der Universität Hamburg sowie Frau Prof. Dr. Gerlinde Renzelberg und ihrem Team vom dortigen Zentrum für Disability Studies (ZeDiS) haben Architekturstudierende aus dem Masterprogramm der HafenCity Universität ein Hochschulgebäude als Lehr- und Forschungsgebäude auf dem Hamburger Uni-Campus entworfen, in welchem Menschen mit und ohne Behinderung ein akademisches Studium absolvieren und arbeiten können. Von Oktober 2010 bis zum Sommer 2011 haben unsere Studierenden mit Begeisterung an diesem interessanten Projekt gearbeitet.

Beplant wurde ein schmales Grundstück zwischen Moorweidenstraße/Grindelallee zur Schlüterstraße direkt zwischen der Staats- und Universitätsbibliothek Hamburg Carl von Ossietzky und dem Gebäude der Freimaurerloge „Konrad Ekhof". Dieser Ort eignete sich in hervorragender Weise für diese Aufgabe. Das Gebäude würde eine Verbindung zum Zentrum des Campus der Universität schaffen und könnte gleichzeitig als ein neues Wahrzeichen der Hochschule im Straßenverlauf Edmund-Siemers-Allee und Grindelallee fungieren, ohne das Hauptgebäude der Universität mit seinen Flügelbauten zu beeinträchtigen – ein idealer Standort (siehe Abb. 1).

Abb. 1: Darstellung des Planungsgebietes aus der Vogelperspektive (Quelle: Google Earth)

Die Aufgabe, das Raumprogramm und die Anforderungen wurden zusammen mit dem ZeDiS-Team entwickelt. Das Raumprogramm (hier nur eine Auswahl) beinhaltete folgende Punkte:

- mindestens bis zu drei Stockwerke
- Nutzfläche über 1600 qm
- einen teilkommerziell nutzbaren großen Hörsaal als Aula mit bis zu 300 Plätzen
- barrierefreie Parkplätze und Zugänge in allen Bereichen
- barrierefreie Forschungs- und Lehrräume
- eine Anzahl von Konferenz- und Besprechungsräumen
- Kommunikationsorte, Arbeitsplätze
- ein Restaurant und Café
- eine Beratungsstelle
- Gästewohnungen
- usw.

Die folgende Abbildung zeigt einen Beispielentwurf von zwei Studierenden.

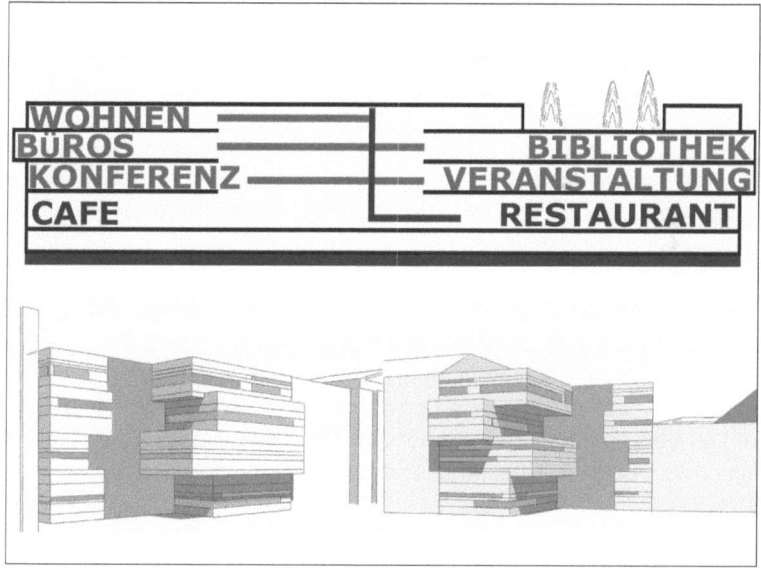

Abb. 2: Stapelung der Nutzungseinheiten: Im Erdgeschoss befinden sich das Café und das Restaurant, im ersten Stock Konferenz- und Veranstaltungsräume, im zweiten Stock sind Büroräume und die Bibliothek und im Dachgeschoss Wohnungen vorgesehen (Entwurf: Magdalena Klingmann und Imanuel Mihim)

Als Weiteres wurden allgemeine Anforderungen an die Planungsaufgabe (auch hier nur eine Auswahl) gestellt:

- alle Räume und Zuwegungen sind barrierefrei
- Induktionsschleifen in sämtlichen Seminarräumen, Nebenflächen und Arbeitsräumen
- Licht- und Tonsignalanlagen in allen Fluren und Räumlichkeiten (auch für Feueralarm)
- barrierefreie Raumausstattung
- Komfort-WCs (als barrierefreie WCs) auf jeder Etage mit selbstreinigender Automatik sowie schwenkbare Spiegel am Waschtisch
- geräumige Fahrstühle passend für jeweils mindestens zwei Rollstuhlfahrer
- sämtliche Büro- und Seminarräume sind über die gesetzlichen Vorschriften hinausgehend barrierefrei und mit modernsten technischen Hilfsmitteln auzustatten
- Wi-Fi/Internet in allen Bereichen
- usw.

Zusätzlich wurden folgende übergeordnete Anforderungen definiert unter dem Begriff:

„Universität neu denken...!"

Eine Universität besteht nicht nur aus Hörsälen und Seminarräumen, sondern es braucht auch lebendige Kommunikationsorte, in denen Studierende diskutieren und gemeinsam arbeiten können. Gewünscht sind z.B. Direktübertragungen der Vorlesungen in die Arbeitsbereiche und zu den Kommunikationsorten, ein digitaler Wissensspeicher lässt sich jederzeit im Gebäude am Laptop oder PC nutzen und kann direkt von den Arbeitsgruppen genutzt werden. Eine komfortable großzügige (barrierefreie) Ausstattung ist eine Grundanforderung.

Das umfangreiche Raumprogramm, Anforderungen und das (kompliziert zu bebauende) Grundstück erforderten eine große entwurfliche Leistung der Studierenden. Die Übersicht von Nina Brandt und Thea Ritter (siehe Abb. 3) zeigt eine räumliche Anordnung der Gebäudeteile und der Wegeführung.

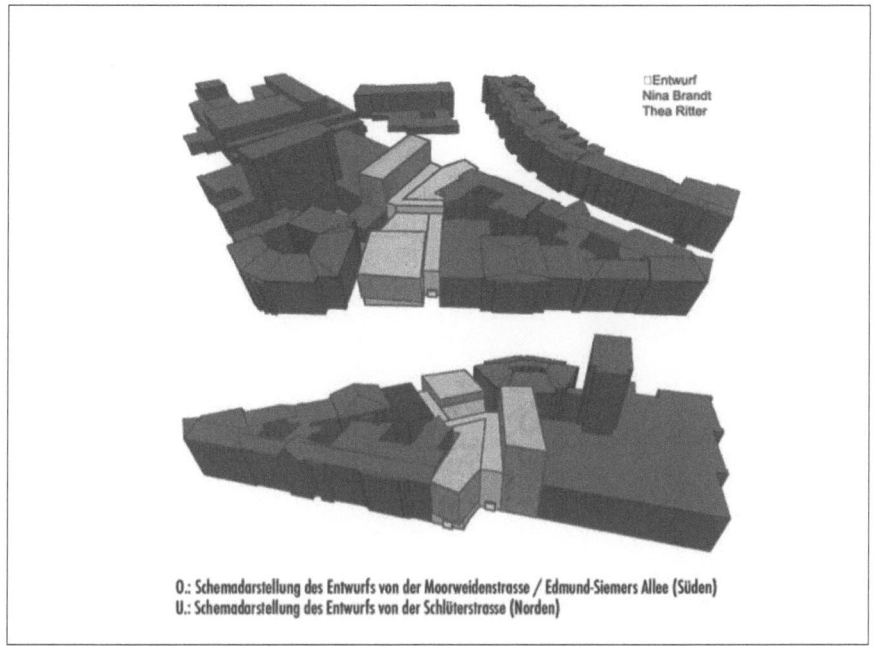

O.: Schemadarstellung des Entwurfs von der Moorweidenstrasse / Edmund-Siemers Allee (Süden)
U.: Schemadarstellung des Entwurfs von der Schlüterstrasse (Norden)

Abb. 3: Bildteil oben: Schemadarstellung eines Entwurfes von der Moorweidenstraße/ Edmund-Siemers-Allee (Süden) mit voneinander getrennten Gebäudeteilen der Universität; Bildteil unten: Schemadarstellung des Entwurfs von der Schlüterstraße (Norden) aus.

In den nachfolgenden Bildern werden exemplarisch Entwürfe aus dem Seminar der Architekturstudierenden an der HafenCity Universität zum Thema „Barrierefreie Universität" dargestellt. Wichtige Kriterien für alle Entwürfe waren:

- Einbindung in das Viertel und Erkennbarkeit im Stadtbild
- Orientierung und Gliederung der Gebäude im Straßenverlauf
- eine klar erkennbare Gebäudeform und Wiedererkennungswert (Branding) der Fassaden in den jeweiligen Straßen

Dargestellt werden in den nachfolgenden Beispielen die Kubatur und die Schemata der Gebäude aus der Sicht der Moorweidenstraße und Schlüterstraße. Die meisten Entwürfe zeigen ähnliche Ansätze und versuchen, durch eine klare Gliederung im Straßenverlauf eine besondere Stellung zwischen den historischen Gebäuden an beiden Seiten einzunehmen. So entstehen ein neues Erkennungszeichen für die Universität und eine Öffnung zum Campus.

Abb. 4: Eingangsbereich, die barrierefreie Universität von der Moorweidenstraße bzw. der Edmund-Siemers-Allee öffnet sich über eine Fuge und lässt den Altbau (in der Abbildung links) unberührt (Entwurf: Nina Brandt und Thea Ritter)

Die Abbildung (Abb. 4) zeigt den Eingangsbereich der Universität. Links steht der Altbau, der vom Neubau durch einen Weg getrennt ist. Beim Neubau rechts sind im Erdgeschoss die Wände vollständig verglast und in der Mitte der Fassade verschieden lange Rechtecke sowie Quadrate als Schmuckelemente eingelassen, die optisch an Morsezeichen erinnern.

Abb. 5: Zugang von der Schlüterstraße (Entwurf: Catharina Gouda und Anna Rudolph)

Die Abbildung oben (Abb. 5) zeigt den Zugang von der Schlüterstraße. Das Universitätsgebäude besteht aus verschachtelten, ineinander übergehenden Bauelementen, der Zugangsbereich hat Rampen und Treppen.

In der nachfolgenden Modelldarstellung von Rumyana Genova und Dario Berardi wird die über den Eingangsbereich vorspringende Gebäudeform als ein markantes Element in der Straße wahrgenommen. Der Eingang darunter ist zurückgezogen und somit markiert.

Abb. 6: Markanter Eingangsbereich an der Moorweidenstraße (Entwurf: Rumyana Genova und Dario Berardi)

In die Fassade des hervorspringenden Gebäudeteils (Abb. 6) sind Zeichen der Brailleschrift als Schmuckelement eingelassen. Die einzelnen Gebäudeteile der Universität sind unterschiedlich hoch und stehen in unterschiedlichen Winkeln zueinander, teilweise sind die Fassaden abgeschrägt.

In den Grundrissen der folgenden Abbildung wird die Wegeführung von der Moorweidenstraße zur Schlüterstraße ein besonderer Erlebnisbereich (Abb. 7). Restaurant, Café und Treffpunkte (Kommunikationsorte) wechseln sich ab. Die Wege sind barrierefrei. Die Lochblechfassade besteht aus durchziehenden und sich überkreuzenden Linien, die aus der Ferne einen Blickfang bieten. Der Eingangsbereich ist hier ebenfalls zurückgezogen.

Abb. 7: Universitätsgebäude mit Lochblechfassade an der Moorweidenstraße (Entwurf: Tina Gremler und Natalia Vousvouki-Nerantzaki)

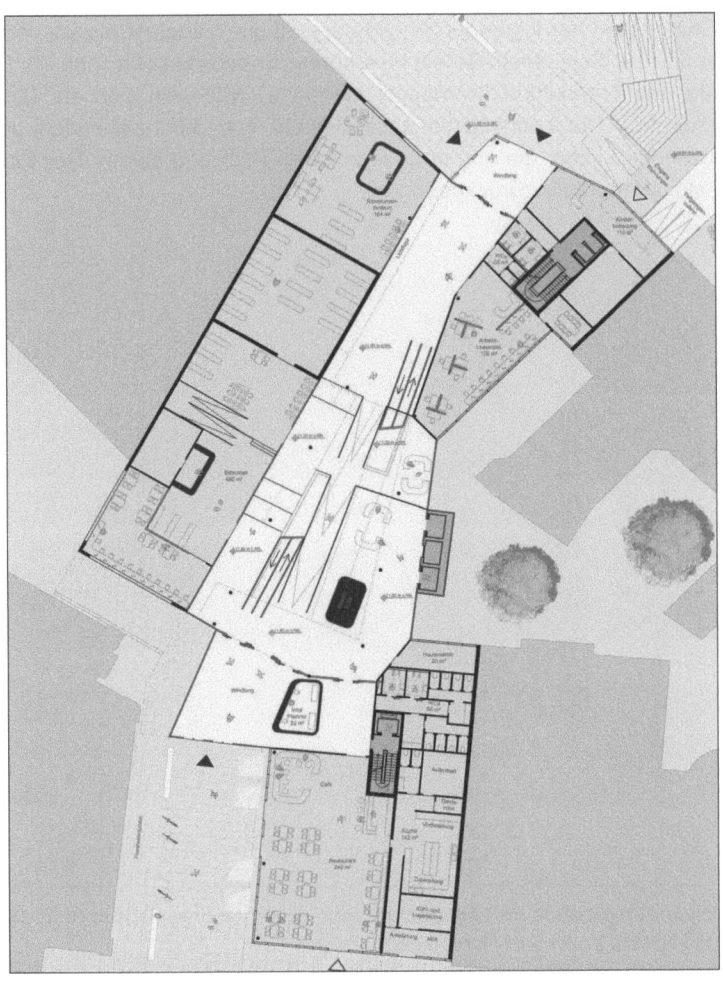

Abb. 8: Grundriss Erdgeschoss (Entwurf: Janna Gerhardt und Kristin Kirchhoff)

Dargestellt wird in diesem Entwurf (Abb. 8) eine klare Wegeführung im Erdgeschoss. Im Norden erreicht man von der Schlüterstraße die Hauptebene über Rampen. Im Süden von der Moorweidenstraße ist der Zugang ebenerdig. Das Universitätsgebäude besteht aus mehreren leicht verwinkelten Gebäudeteilen.

Abb. 9: Wegeführung im Erdgeschoss (Entwurf: Tina Gremler und Natalia Vousvouki-Nerantzaki)

Die Abbildung (Abb. 9) zeigt große Öffnungen und Wege in Form von Rampen, die zu den Aufzügen führen, welche wiederum in die oberen Geschosse führen. Im Zentrum befindet sich ein Atrium mit Sitzmöglichkeiten, welches als Treffpunkt dient.

Abb. 10: übereinander kreuzende Rampen in den Geschossen aus der Vogelperspektive mit Sitzmöglichkeiten am Ende der Rampen (Entwurf: Tina Gremler und Natalia Vousvouki-Nerantzaki)

In den oberen Geschossen (Abb. 10) sind Brücken diagonal im Raum angeordnet, so ist es möglich, das Atrium direkt von jeder Seite zu durchqueren. Es entsteht eine starke Raumwirkung und ermöglicht somit Sichtkontakt auf alle Ebenen.

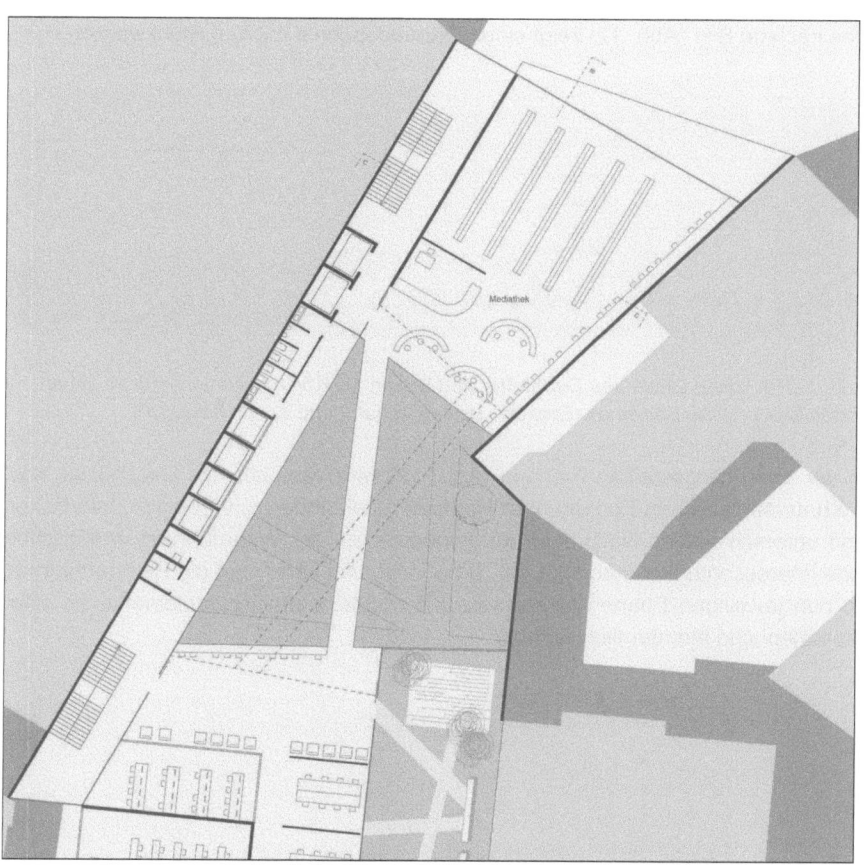

Abb. 11: Die Grundrisse in den oberen Geschossen folgen dem gleichen klaren Gliede-
rungskonzept des Erdgeschosses (Aufzüge, WCs und Flurfläche). Im Norden befindet
sich eine Mediathek. (Entwurf: Tina Gremler und Natalia Vousvouki-Nerantzaki)

Das nächste Bild (Abb. 12) zeigt einen Gebäudeschnitt mit fünf Stockwerken.

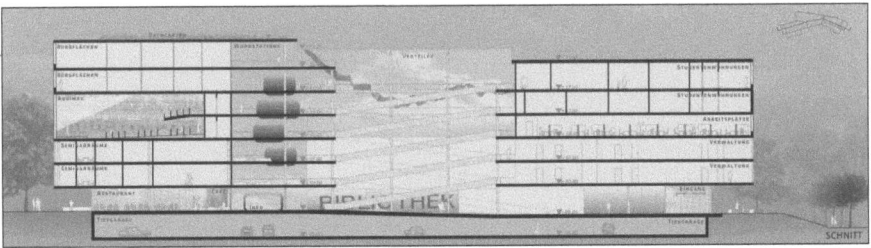

Abb. 12: Im linken Drittel des Gebäudes sind Boxen als Kommunikationsorte zu sehen, im ersten Stock ist die Bibliothek (Entwurf: Janna Gerhardt und Kristin Kirchhoff)

In der oben dargestellten Planung (Abb. 12) wird versucht, die Geschosse bzw. die unterschiedlichen Ebenen über Rampen miteinander zu verbinden. Info-Boxen und unterschiedliche Nutzungen an beiden Seiten der Wegeführung ermöglichen eine interessante Raumabfolge. Im Gebäudeschnitt kann man die Rampenführung zu den jeweiligen Ebenen betrachten. Die rechteckigen Raumelemente als Info-Stationen sind hier deutlich sichtbar.

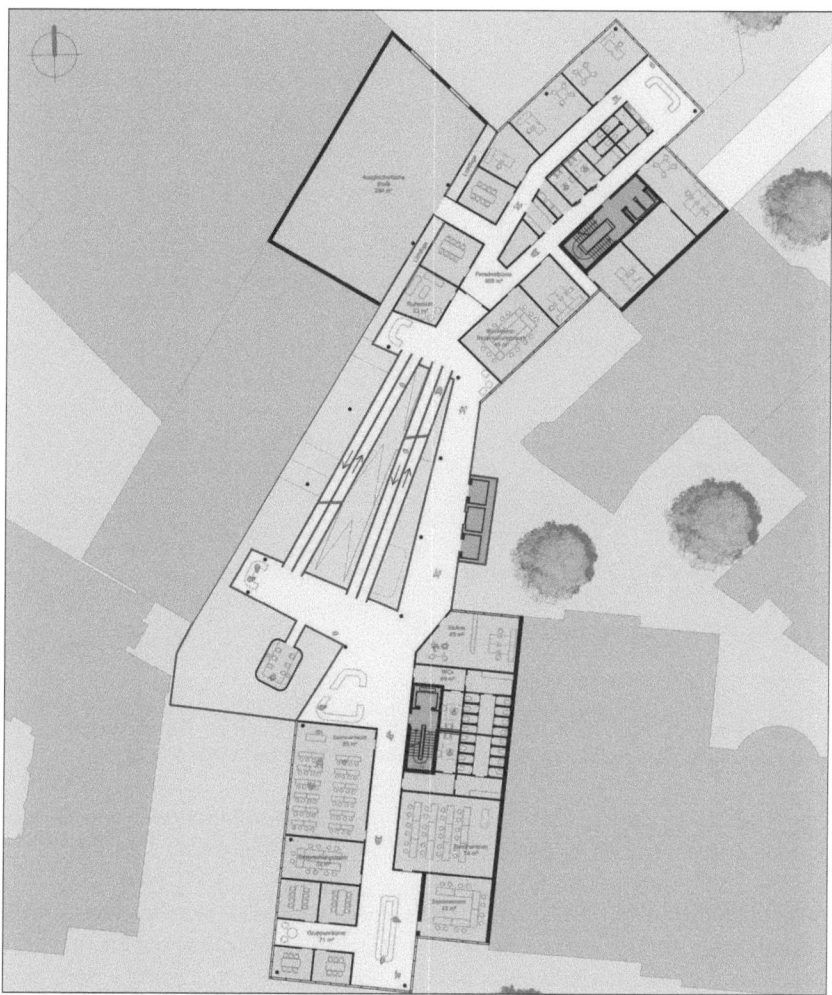

Abb. 13: Obergeschosse mit Rampenführung (Entwurf: Janna Gerhardt und Kristin Kirchhoff)

Auf der nächsten Abbildung (Abb. 13) ist ein Grundriss des gesamten, leicht winkligen Universitätsgebäudes mit unterschiedlichen Wegen zu sehen. In der Mitte des Gebäudes sind die langen Rampen zu erkennen.

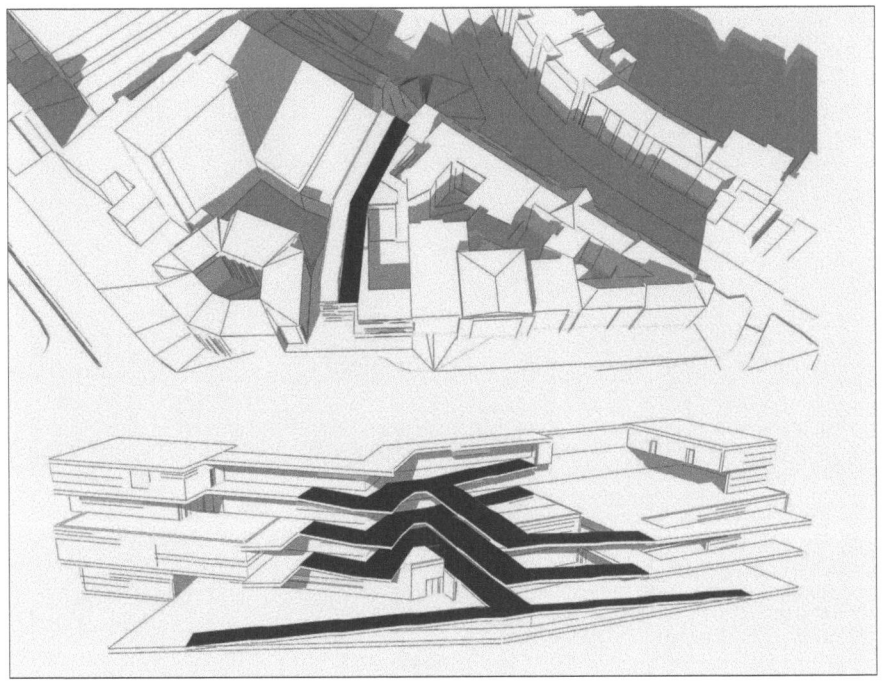

Abb. 14: Universitätsgebäude mit unterschiedlichen verwinkelten Geschossen aus der Vogelperspektive (Entwurf: Magdalena Klingmann und Imanuel Mihim)

In der Darstellung oben sind die Übergänge und Wegführungen innerhalb der Gebäude dargestellt und zeigen die Verflechtung der Geschosse.

Hier ist noch einmal ein Bild (Abb. 14) aus einem höheren Geschoss. Im südlichen Teil kann man die Seminarräume sehen. Sie sind im Wechsel mit kleinen Gruppenräumen und Sitzmöglichkeiten im Flur ausgestattet. Im Zentrum der Anlage befinden sich Rampen und Aufzüge, und im nördlichen Teil sind Besprechungsräume und Büros.

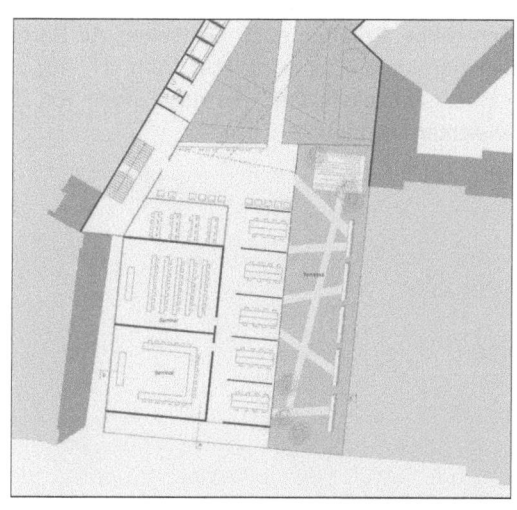

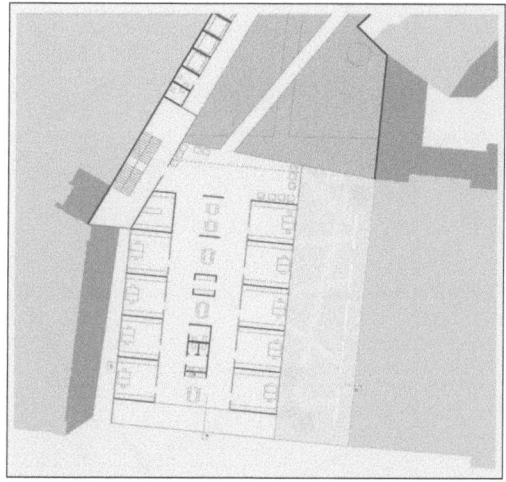

Abb. 15, 16: Grundriss der Seminarräume und Arbeitsplätze, Besprechungsräume und Büros (Entwurf oben und unten: Tina Gremler und Natalia Vousvouki-Nerantzaki)

Im Detail haben sich einige Gruppen auch Gedanken zur Barrierefreiheit zu den Fluren und den Seminarräumen gemacht. Hier (Abb. 17, 18) sieht man z.B. die Anordnung von Aufmerksamkeitsfeldern, die das Finden von Zugängen und die Raumnutzungen erleichtern können.

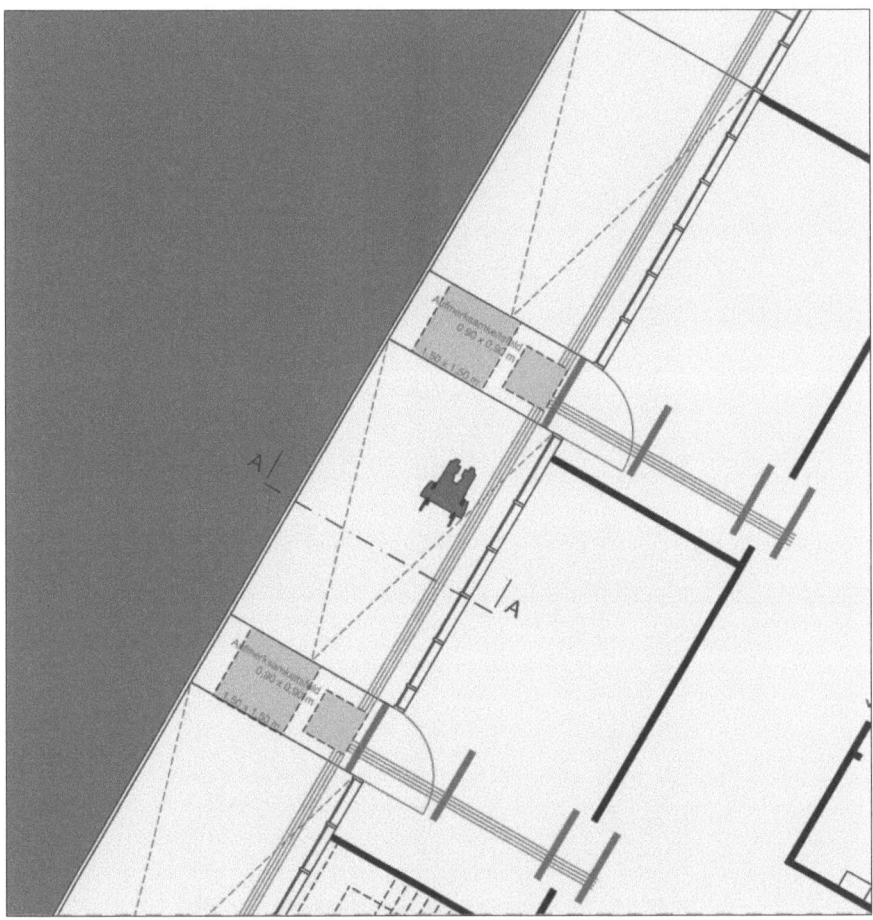

Abb. 17: Grundriss einer barrierefreien Gasse mit Wegeführung im Inneren des Gebäudes (Entwurf: Anne Wendt und Janine Stüber)

In der nachfolgenden Abbildung (Abb. 18) wird die Bewegungsfreiheit eines Gruppenarbeitsplatzes dargestellt. Die Ausstattung im Flurbereich ist mit rutschfestem Bodenbelag und einer Flurbreite über 1,80 m vorgesehen. Zusätzlich werden taktile Leitlinien angebracht.

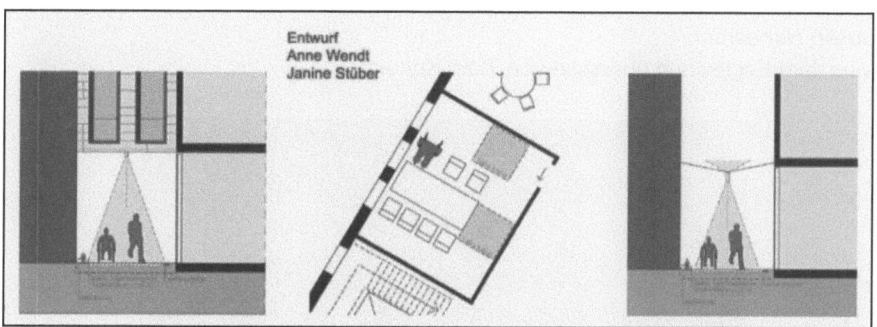

Abb. 18: Frontansicht und Grundriss: Barrierefreie Wegführung und Arbeitsplätze (Entwurf: Anne Wendt und Janine Stüber)

Die Entwürfe zeigen neue Wege des Universitätsbaus auf und das absolut barrierefrei. Alle Ansprüche an das „moderne" Lernen, Lehren und Forschen sind versucht worden mit einzubauen und können „grenzenlos" benutzt werden.

Building Independence from the Ground Up – Entwicklung und Konzeption des Ed Roberts Campus in Berkeley, Kalifornien

Susan Henderson
(aus dem Englischen übersetzt von Timo Kohorst)

Foto 1: spiralenförmige Rampe über die zwei Stockwerke des Ed Roberts Campus

Die Idee, ein barrierefreies Gebäude zu bauen, entstand, als Ed Roberts, einer der führenden Köpfe der amerikanischen Behindertenrechts- und Selbstbestimmt-Leben-Bewegung, 1995 starb.

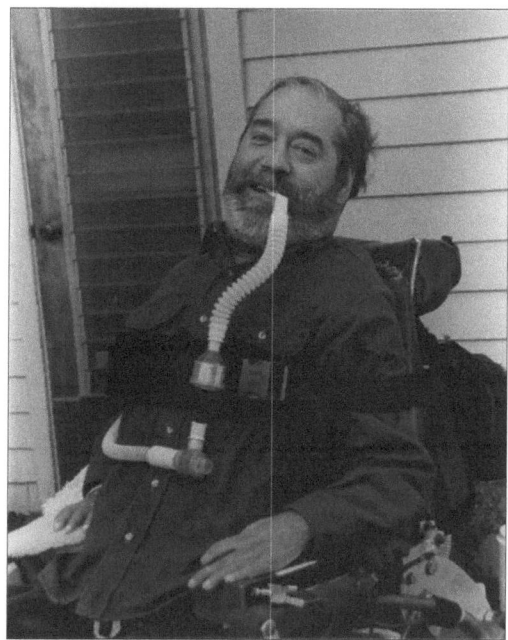

Foto 2: Ed Roberts 1994 im Alter von 55 Jahren

Ed war in Berkeley wohlbekannt. Er hatte dort studiert und zusammen mit seinen Kollegen eine der weltweit ersten Anlaufstellen für selbstbestimmtes Leben gegründet: das *Berkeley Center for Independent Living*.

Ed war seit einer Polio-Erkrankung im Alter von 14 Jahren gelähmt. Er nutzte einen elektrischen Rollstuhl und ein Beatmungsgerät. Ed und seine Mutter Zona wurden mehr oder weniger zufällig zu Behindertenrechtsaktivisten, als sie eine Entscheidung des Highschool-Direktors anfochten. Dieser hatte Ed den Schulabschluss verwehren wollen, weil er die Anforderungen des Sportunterrichts und der Führerscheinprüfung nicht erfüllt habe. So zogen sie vor den Schulausschuss und machten deutlich, wie absurd diese Anforderungen waren. Daraufhin erhielt Ed seinen Abschluss. Nach ein paar Jahren im örtlichen *community college*[16] bewarb sich Ed mit Erfolg bei der Universität von Kalifornien in Berkeley. Er bemühte sich sodann um finanzielle Unterstützung beim kalifornischen Amt für Rehabilitation.

---

16 Öffentliche Einrichtungen des postsekundären Bildungsbereichs, die auf ein Studium bzw. das Arbeitsleben vorbereiten

Diese wurde ihm jedoch verwehrt, da die zuständige Ansprechperson der Auffassung war, Ed sei zu schwer behindert, um jemals erwerbsfähig zu sein. Die Universität unterstützte Eds Aufnahme, und er zog 1962 auf den Campus.

1962 gab es jedoch keine barrierefreien Studentenwohnungen. Die Universität bot ihm daher Unterkunft im Universitätsklinikum an. Ed stimmte unter einer Bedingung zu: Seine Räume sollten als Teil des Studentenwohnheims und nicht als Teil der medizinischen Fakultät verstanden werden. Die Universität war einverstanden und bald zogen weitere rollstuhlfahrende Studierende dort ein.

Nach Abschluss des Studiums wurde Ed und seinen Kollegen aus Berkeley bewusst, dass es an gemeinschaftlichen Einrichtungen fehlte, die ein selbstbestimmtes Leben ermöglichten. Deshalb warben sie um öffentliche Mittel, mit denen sie das *Center for Independent Living* (CIL) – eines der ersten seiner Art – gründeten.

Es war eine Ironie des Schicksals, dass der damalige (und heutige) Gouverneur von Kalifornien, Jerry Brown, Ed Roberts 1976 zum Leiter des Amtes für Rehabilitation in Kalifornien ernannte, ausgerechnet der Behörde, die ihn als zu schwer behindert für die Arbeitswelt abgestempelt hatte. Nachdem Ed die Behörde 1983 verlassen hatte, tat er sich mit einer weiteren Aktivistin aus Berkeley, Judy Heumann, zusammen. Sie gründeten das *World Institute on Disability* – ebenfalls ein Kooperationspartner des ERC. Judy ist heute Sonderbeauftragte für die internationalen Rechte von Menschen mit Behinderungen im Außenministerium unter Leitung von Hillary Clinton.

Nach seinem Tod im Jahre 1995 wollten die Verantwortlichen der Stadt Berkeley und die Mitglieder der Behindertenrechtsbewegung Ed ein Denkmal errichten. Zunächst wurde darüber nachgedacht, eine Straße, einen Park oder ein öffentliches Gebäude nach ihm zu benennen. Barrierefrei zugängliche Gebäude gab es 1995 jedoch kaum; und die wenigen, die es gab, waren 1990 im Zuge des *Americans with Disabilities Act* von 1990 nachgebessert worden.

Die Idee ging schließlich in einem Gebäude auf, das wirklich barrierefrei war und die sieben folgenden Organisationen beheimatete, die sich aus dem *Center for Independent Living* entwickelt hatten:

- Bay Area Outreach and Recreation Program (BORP)
- Center for Accessible Technology (CforAT)
- Center for Independent Living (CIL)
- Computer Technologies Program (CTP)
- Disability Rights Education & Defense Fund (DREDF)
- Through the Looking Glass (TLG)
- World Institute on Disability (WID)

Planung und Bau des ERC haben 15 Jahre gedauert, und ich könnte darüber gewiss ein Buch oder zumindest eine Dissertation schreiben – aber das machen andere. Ich werde mich hier vielmehr auf die entscheidenden Etappen der Reise beschränken. Einige wichtige Aspekte waren uns von Anfang an klar, aber andere wurden uns erst im Laufe der Zeit bewusst.

Nichts über uns ohne uns

Entscheidend war, dass Menschen mit Behinderungen die Entwicklung des ERC leiten und fundierte Entscheidungen über dessen Konzeption treffen sollten.

Sicher kennen Sie alle das Motto der Behindertenrechtsbewegung „Nichts über uns ohne uns". Wir berufen uns darauf, um sicher zu gehen, dass unsere Stimmen gehört werden, wenn soziale und politische Richtlinien verabschiedet werden sollen, die unser Leben betreffen. Uns war klar, dass es enorm wichtig ist, dass *wir* die Entwicklung des ERC leiten. 1995 war der *Americans with Disabilities Act* gerade einmal fünf Jahre alt und nur wenige Architekten hatten sich mit den neuen Prinzipien von Barrierefreiheit befasst oder wussten gar, was Universal Design ist. Wir hingegen wussten kaum etwas über Architektur, aber einiges über Barrierefreiheit, da wir jahrelang mit baulichen Barrieren konfrontiert waren.

Foto 3: Drei Bauhelme und der weiße Langstock unseres Vorsitzenden Dmitri Belser auf einem Tisch

Im ERC-Ausschuss und in unseren für das Design verantwortlichen Gremien gab es blinde Menschen, Menschen mit geringem Sehvermögen, Menschen mit multipler Chemikalienintoleranz, Menschen mit Elektrosensibilität, Menschen mit Roll-

stühlen und anderen Mobilitätshilfen, Menschen, die ihren Oberkörper nur eingeschränkt bewegen konnten, Menschen mit Einfach-, Zweifach- und Vierfacham-
putationen, Menschen mit verschiedensten funktionalen Einschränkungen, kleinwüchsige Menschen, Menschen mit Zerebralparese und anderen Entwicklungsbeeinträchtigungen, gehörlose Menschen, Menschen mit intellektuellen Behinderungen und deren Assistenten, Menschen mit Epilepsie, Eltern von Kindern mit
Behinderungen und Menschen, die mit diesen Kindern arbeiteten. Wir waren ein
ziemlich bunter, aber repräsentativer Haufen.

Trotz dieser gebündelten Expertise haben wir doch einige Möglichkeiten für
bessere Barrierefreiheit übersehen und konnten bei anderen, meist aus Kosten-
gründen, nicht so weit gehen, wie wir es uns gewünscht hätten, um allen Zugang
zu ermöglichen.

Unsere Vision teilen

Die sieben ERC-Partnerorganisationen hatten ein durchschnittliches Budget von
etwa einer Million Dollar. Angesichts dessen waren sie sich bewusst, wie verwe-
gen es war, weitere Millionen für den Bau des ERC einzuwerben. Wir haben aber
immer daran geglaubt, dass das Ganze mehr ist als die Summe seiner Teile. Wir
hatten eine konkrete Vorstellung unseres künftigen Zuhauses im Kopf und die
mussten wir nun Geldgebern, Architekten, Ingenieuren, Bauunternehmen und
anderen so präsentieren, dass sich ein klares Bild ergibt, damit unser Traum Wirklichkeit werden würde.

Unsere Vision war einfach: Sie vereinte das Baudesign und die programmatischen Ziele des ERC:

> „Ein Zuhause für die sieben ERC-Partner in einem universell zugängli-
> chen Gebäude mit direktem Anschluss an den öffentlichen Verkehr.
> Unser gemeinsames Ziel ist es, Behindertenrechte und die Selbstbe-
> stimmt-Leben-Bewegung so zu fördern, dass mehr Menschen mit
> Behinderungen selbstbestimmt in der Umgebung ihrer Wahl leben
> können.“

In den sieben Jahren darauf haben wir uns einmal monatlich (manchmal auch
öfter) getroffen, unsere freie Zeit für das Projekt verwendet und andere überredet,
es uns gleichzutun. Wir haben uns überlegt, was wir wollten und was nicht. Wir
stellten Förderanträge, beauftragten Referenten, die uns erklärten, wie Projektentwicklung funktionierte, und wir schrieben weitere Förderanträge.

Standortwahl

Es war uns wichtig, dass unser Gebäude leicht mit dem öffentlichen Nahverkehr zu erreichen ist. Das schuldeten wir unseren Angestellten, den Menschen, für die wir dieses Gebäude bauten und nicht zuletzt unserem eigenen Anspruch an eine nachhaltige Gemeinschaft. Menschen mit Behinderungen brauchen eine gute Infrastruktur, und deshalb war uns die Nahverkehrsanbindung sehr wichtig.

Es war ein echter Meilenstein, als die Stadt Berkeley und der Bay Area Rapid Transit District (BART), der das regionale U-Bahnnetz betreibt, uns anboten, uns einen Teil des Parkplatzes an einer BART-Haltestelle in Berkeley zu verkaufen.

Nicht nur, dass das Gelände unsere Anforderungen an eine gute Verkehrsanbindung perfekt erfüllte – es war auch das Tor zu wichtigen Bundesmitteln für Design-Bauprojekte mit guter Verkehrsanbindung.

Wenn Sie von Hamburg nach San Francisco, Kalifornien, reisen, dann können Sie vom Flugzeug direkt in einen BART-Zug steigen und kommen nur etwa eine Stunde später in unserer Garage an.

Universal Design

Wir wollten, dass unser Gebäude den Prinzipien des Universal Designs folgt und sie unterstützt. Es sollte eine Art physische Repräsentation von Behinderung als natürlicher Eigenschaft menschlichen Seins werden. Zwei Dinge waren uns beim Design besonders wichtig:

1. Das Design hat einen weitreichenden Einfluss auf uns und insbesondere auf unser Empfinden von Selbstvertrauen, Komfort und Kontrolle.

2. Dass körperliche Fähigkeiten sich unterscheiden, ist nichts Ungewöhnliches, sondern etwas ganz Normales und betrifft die meisten von uns im Laufe unseres Lebens.

Suche nach einem Architekten

In der Zeit von 1995 bis 2003 hatten wir schließlich genug Geld, um einen Architekten zu beauftragen. Die Wahl des richtigen Architekten war eine weitere wegweisende Entscheidung.

Wir wollten einen Architekten, der unsere Leidenschaft für Universal Design und soziale Gerechtigkeit teilte. Wir glauben, dass Zugänglichkeit ein Aspekt sozialer Gerechtigkeit ist, und deshalb war es absolut notwendig, dass auch unsere Architekten sich bewusst waren, dass das Gebäude nicht einfach nur zugänglich sein sollte, sondern die Botschaft von Gleichheit, Inklusion und Selbstbestimmung vermittelt. Unser Architekt sollte Design ebenfalls als Aspekt der sozialen Gerechtigkeit betrachten.

In Zusammenarbeit mit unseren Referenten entwickelten wir daher einen Anforderungskatalog. Im Rahmen dessen baten wir Architekten, über nachhaltiges Design und über Universal Design zu schreiben. Wir erhielten 20 Stellungnahmen und wählten daraufhin fünf Teams für persönliche Interviews aus.

Für die Interviews haben wir ein Team aus Architekten mit und ohne Behinderungen, Stadtplanern, Verkehrsexperten und Bauunternehmern zusammengestellt, die uns bei den Interviews und bei der Auswahl der Finalisten helfen sollten. Getroffen wurde die Entscheidung vom Vorstand des ERC. Bei der ersten Runde Interviews baten wir die Architekten-Teams, zu einer Reihe von Fragen Stellung zu beziehen, die – so hofften wir – Aufschluss darüber geben würden, ob sich die Kandidaten ganz den Prinzipien des Universal Designs verschrieben und entsprechend eine Vorstellung davon hatten, was für eine Herausforderung es ist, ein Umfeld für Menschen mit einem breiten Spektrum an Behinderungen zu entwerfen.

Wir haben uns schließlich für Bill Leddy von der Firma *Leddy Maytum Stacey Architects* (LMS) aus San Francisco entschieden. Wir waren uns sicher, dass Bill und seine Kollegen von LMS unsere Vision verstanden hatten.

Einige der Fragen, die wir den Architekten stellten, waren:

1. Was, glauben Sie, ist die Vision des Ed Roberts Campus (ERC)? Wie werden Sie und ihr Team dem ERC bei der Umsetzung helfen?

2. Wie werden Sie den Kunden, andere Teammitglieder und die Nachbarschaft einbeziehen? Bitte stellen Sie dar, welche Methoden Sie in der Vergangenheit angewandt haben und zu welchen Ergebnissen dies geführt hat.

3. Wie kann das Potenzial der öffentlichen Verkehrslinien, die den ERC bedienen, voll ausgeschöpft werden? Wie würden Sie den Zugang zu diesen Linien in das Gebäudedesign integrieren?

4. Beschreiben Sie Universal-Design-Elemente ihrer bisherigen Projekte und legen Sie dar, wie Universal Design die Projektentwicklung vorantreibt. Erklären Sie, wie Sie ökologische Prinzipien integriert haben.

Schlüsselfragen zur Entscheidungsfindung

Es stand außer Frage, dass der ERC nach den Prinzipien des Universal Designs gebaut werden würde. Wir wollten, dass der ERC ein möglichst breites Spektrum unterschiedlicher Menschen und Situationen abdecken kann, ohne auf Sonderanfertigungen und Einzellösungen zurückgreifen zu müssen. Bei der Planung und Entscheidungsfindung stellten wir uns daher immer wieder die Frage: „Kann ein Mensch unabhängig von einer etwaigen Behinderung das Gebäude selbständig betreten und nutzen?"

Auf den ersten Blick scheint das eine sehr einfach und direkt zu beantwortende Frage zu sein. Als wir aber näher betrachteten, wie Menschen mit der Umgebung und den spezifischen Eigenschaften des Gebäudes interagierten, deckte erst diese vermeintlich einfache Frage die Komplexität von Interaktionen zwischen Menschen und ihrer baulichen Umgebung auf.

Wie, so fragten wir, sollte z.B. jemand, der seine Arme nur eingeschränkt benutzen kann, das Schlüsselkartensystem zum Aufschließen der Bürotüren verwenden? Die Standard-Kartenleser an der Wand erkennen eine Schlüsselkarte aus etwa 20cm Entfernung. Was, wenn er oder sie es mit der Karte nicht in den 20cm-Bereich schafft?

„Duellierende Behinderungen"

Während des Design-Prozesses sind wir auf etwas gestoßen, das wir „duellierende Behinderungen" („dueling disabilities") nannten. Es ist z.B. so, dass deutlich strukturierte Bodenbeläge (abgeflachte Noppen) als Orientierungshilfen und Warnhinweise für Langstock-Nutzer dienen können, aber auf der anderen Seite störend für Rollstuhlfahrer und Menschen mit Gleichgewichtsproblemen (z.B. Prothesenträger) sein können. Die flachen Oberflächen, die Rollstuhlfahrer mögen, können wiederum zu akustischen Problemen für Menschen mit Hörbeeinträchtigungen führen. In Zusammenarbeit mit verschiedenen Interessenvertretern haben wir deshalb an einigen Stellen Abstriche gemacht und sind an anderen Kompromisse eingegangen. Die Architekten haben schließlich eine neuartige Oberfläche entworfen, die weniger Widerstand für Rollstuhlfahrer bietet als die üblichen, runden Erhebungen. Überdies verwendeten sie Kontrastfarben, um Wegrouten vom freien Raum abzugrenzen.

Den negativen akustischen Auswirkungen, die die Verwendung von Beton mit sich bringt, begegneten unsere Architekten, indem sie die Wände abwinkelten. Dadurch wird der Schall gestreut. Außerdem kleideten sie die Decke des Atriums mit Dämmmaterial und elastischem Stoff aus, damit der Schall absorbiert wird.

Es stellte sich außerdem heraus, dass Rollstuhlfahrer und Menschen, die ihren Oberkörper nur eingeschränkt benutzen können, von den automatisch öffnenden Türen begeistert waren. Blinde Menschen hingegen waren misstrauisch: Sie befürchteten, dass jemand, der nicht sieht, wie die Tür sich öffnet, von ihr getroffen werden könnte. In diesem speziellen Fall des Design-Dilemmas haben wir uns schließlich dazu entschieden, Türsensoren einzusetzen. Allerdings haben wir das Risiko auf ein Minimum reduziert, indem wir die Türen ganz langsam öffnen lassen. Außerdem geben sie beim Öffnen deutliche Warntöne ab.

Foto 4: Das Atrium des ERC mit seinem mehrfarbigen, wechselnd strukturierten Betonboden

Im Hintergrund befindet sich die rote Spiralrampe, das Markenzeichen des ERC. Die dunkle, rauere Oberfläche signalisiert eine Wegroute, und die hellere, glattere Oberfläche gehört zum freien Raum. Diese Oberflächeneinteilung findet sich sowohl im Innern des Gebäudes als auch beim Haupteingang.

Orientierung

Wir haben intensiv darüber diskutiert, wie wir es Menschen ermöglichen können, sich im ERC selbständig zu bewegen. Wir wissen alle, wie frustrierend es ist, an einen neuen, unbekannten Ort zu kommen und sich zu fragen, wie jemand denn nun überhaupt hineinkommt, geschweige denn herausfindet, wo es entlang geht. Wer dann noch eine visuelle, kognitive oder eine Mobilitätseinschränkung hat, hat es besonders schwer, sich zu orientieren, wenn das Design nicht adäquat ist.

Wir konnten und wollten keine einfachen Wegweiser aufstellen, sondern unser Leitsystem mit einem Plus an Barrierefreiheit versehen; so wie wir es beim Gebäude selbst mit den unterschiedlichen Oberflächen und den Kontrastfarben für die Betonböden getan hatten.

Der ERC hat drei Haupteingänge: Den Vordereingang an der Adeline Street (eine große Flaniermeile in Berkeley), den Hintereingang beim BART-Parkplatz und den Fahrstuhl bei unserer BART-Haltestelle bzw. beim Parkhaus.

Orientierung: Der Vordereingang

Foto 5: Die Vorderseite des Ed Roberts Campus

Die Vorderseite des Gebäudes zeigt gen Westen in Richtung Adeline Street. Auf der gegenüberliegenden Straßenseite steigen Menschen aus, die mit dem Bus oder dem Auto kommen.

Im Sinne eines einheitlichen Orientierungssystems führt ein schwarzer Weg mit rauer Oberfläche vom Bürgersteig zur automatischen Haupteingangstür. Über dem Eingang stehen sowohl der Name des Campus als auch die Straßennummer. In der Planungsphase gab es Bedenken, dass die Eingangstür in der großen Fensterfront untergehen könnte. Diese Bedenken konnten jedoch angesichts der Oberfläche, des Kontrasts und der Beschilderung des Weges zur Tür weitgehend ausgeräumt werden.

An der Stelle, wo der Zebrastreifen auf die Straße trifft, befinden sich zwei sensorbestückte Pfeiler. Sie erkennen, wenn jemand die Straße überqueren möchte und warnen den herannahenden Verkehr mit Lichtzeichen.

Orientierung: Der Hintereingang

Der Hintereingang in Richtung BART-Parkplatz befindet sich an der Westseite des Gebäudes. Der Name des Gebäudes steht wiederum direkt über der Einbuchtung, die auf den Hintereingang des ERC hinweist. Dort befinden sich Türschalter auf Fuß- und auf Hüfthöhe sowie ein Schlüsselkartenleser, die allesamt darauf hinweisen, dass es sich hier um einen Eingang handelt. Und natürlich ist das Gebäude an jedem Eingang in erhabener Schrift und in Brailleschrift beschildert.

Orientierung: Die BART-Haltestelle

Eine der raffiniertesten Ideen des ERC ist ein Eingang direkt von der BART-Haltstelle zum Fahrstuhlbereich der Tiefgarage. Auch hier steht der Name des Gebäudes über dem Bereich, der den Übergang von der BART-Haltestelle zum ERC anzeigt. Außerdem befinden sich an der gesamten BART-Haltestelle Wegweiser. Die BART-typischen Bodenfliesen weichen schließlich einem dunklen, rauen Betonweg, der eine Wegroute anzeigt.

Orientierung: Innenbeschilderung und Handläufe

Während die Betonfußböden so ausgestaltet wurden, dass sie Menschen mit Langstock Wegrouten signalisierten, verwendeten wir für Menschen mit vermindertem Sehvermögen helle und kontrastreiche Farben, um auf Eingänge innerhalb des Gebäudes hinzuweisen.

Hinweisschilder in hellem Rot und Weiß kündigen öffentliche Durchgänge an. An jedem Eingang befindet sich ein Schild in erhabener Schrift und Brailleschrift. Die Vereinheitlichung von Leitsystemen unterstützt uns auch bei der Orientierung im Gebäude, und sie ist besonders hilfreich für Menschen mit intellektuellen oder kognitiven Behinderungen

Die hölzernen Handläufe an den Brüstungen und die Oberkante der Vertäfelung werden von Menschen mit eingeschränktem Sehvermögen zur Orientierung verwendet. Die Vertäfelung dient noch einem weiteren Zweck: Egal, wie vorsichtig Rollstuhlfahrer auch sein mögen – Fußstützen vertragen sich nicht so recht mit

Wänden und Türen. Um zu verhindern, dass die Wände beschädigt werden und durchs Nachlackieren und Ersetzen einzelner Elemente permanenter Wartungs-bedarf entsteht, verwendeten wir schließlich ein Material namens „Trespa" aus den Niederlanden. Um dort eine Beule hineinzubekommen, braucht es schon gehörig Kraft.

Orientierung: Schall

Bei der Design-Entwicklung tauchte immer wieder die Idee auf, etwas wie Schall-technologie oder dergleichen als Orientierungshilfe verwenden. Dabei spielten wir eine Menge Ideen durch, wie RFID-Chips und tontechnische Einrichtungen. Wir haben uns aber schließlich dagegen entschieden, weil wir alles so einfach (und kostengünstig) wie möglich halten wollten. Als uns schließlich auffiel, dass das große Atrium mit den Sitzungsräumen auf der einen Seite noch einen Blickfang auf der anderen Seite braucht, schlug ein blindes Vorstandsmitglied ein kleines Wasserspiel vor.

Foto 6: Die Wand oberhalb des Wasserspiels im Hintergrund reicht bis in den zweiten Stock und ist mit einer Bambusfassade verkleidet. Damit sie nicht ganz so massiv wirkt, ist ein kleines Guckloch eingelassen. Der Schall, der von den fünf kleinen Fontänen aus-geht, reicht bis zum Haupteingang des ERC.

So können wir Menschen „in Richtung Wasser" oder „weg vom Wasser" lotsen. Letztendlich wurde das Wasserspiel von blinden Menschen zwiespältig aufgenommen. Einigen gefiel das konstante Plätschern, andere fanden es eher störend.

Notausgänge

Der ERC liegt inmitten zweier großer, aktiver Störungszonen. Im Osten liegt die Hayward-, im Westen die San-Andreas- und im Süden die Loma-Prieta-Verwerfung. Als das Loma-Prieta-Erdbeben von 1989 die San Francisco Bay Area traf, saßen viele Menschen mit Behinderungen – insbesondere Rollstuhlfahrer – in den oberen Stockwerken der Gebäude fest. Mancherorts gab es über drei Tage lang keinen Strom und deshalb funktionierten die Aufzüge nicht. Die Rettungsdienste hatten unterdessen mit großen Katastrophen zu kämpfen: Die Brücke von Oakland nach San Francisco, eine Autobahn in Oakland und mehrere Gebäude in San Franciscos Stadtteil „Marina District" waren zusammengebrochen. Rollstuhlfahrer in den Obergeschossen fühlten sich damals gefangen und diese Hilflosigkeit kam in ihnen wieder hoch als wir über den Bauplan sprachen.

Wir waren uns von Anfang an einig, dass jedes Stockwerk mit einer Rampe ausgestattet sein musste, damit wir nicht mehr auf die Rettungseinheiten angewiesen sind, wenn im Notfall die Aufzüge abschalten. Die große Spiralrampe entsprach in dieser Hinsicht genau unseren Vorstellungen und sie ist, wie bereits erwähnt, zum Symbol des Ed Roberts Campus geworden. Sie ist ganz deutlich durch die Glasfassade an der Stirnseite des Gebäudes zu sehen – und das soll auch so sein. Von einer Aufhängung getragen, setzt sie eins der schönsten Stilelemente des ERC in Szene: das riesengroße, runde Dachfenster. Eines Tages werden wir ganz im Stile von Batmans Bat-Signal einen Scheinwerferstrahl mit den Konturen des ERC-Logos durch das runde Dachfenster in den Nachthimmel werfen.

Notausgänge: Einmal ist es schon passiert

Kurz nachdem wir das Gebäude im November 2010 bezogen hatten, funktionierte in einem Büro der Deckenventilator oberhalb der akustischen Deckenplatten nicht mehr. Da die Mitarbeiter zwar Brandgeruch wahrnehmen konnten, aber nicht sehen konnten, ob es tatsächlich brannte, lösten sie Feueralarm aus und riefen die Feuerwehr. Es hätte kaum besser laufen können: Die Brandschutzbeauftragten jedes Büros koordinierten die Evakuierung und die Etagenverantwortlichen bestätigten, dass alle die jeweilige Etage verlassen hatten. Wir waren zu dem

Zeitpunkt im zweiten Stock und nutzten allesamt die Rampe, um zu unserem Sammelpunkt auf dem BART-Parkplatz zu kommen. Das ganze Gebäude war evakuiert, bevor die Feuerwehr eintraf.

Ästhetik

Die Behindertengemeinschaft bestand darauf, dass der ERC nicht wie ein klassisches Institutsgebäude aussehen oder sich so anfühlen dürfe, und keineswegs sollte er wie eine Klinik oder ein Pflegeheim aussehen. Wir wollten einen hellen und offenen Raum, der jeden willkommen heißt. Außerdem wollten wir die Rampe und das Universal Design hervorheben. Es ging uns darum, Behinderung in einem Licht erscheinen zu lassen, das dazu beiträgt, latente Stigmatisierungen und Gefühle des Mitleids zu beseitigen. Viel zu lange wurden Menschen mit Behinderungen ausgesondert und hinter geschlossenen (und verschlossenen) Türen in Einrichtungen verwahrt.

Wir wollten neben Gemeinschafts- und Versammlungsräumen für besondere Anlässe auch Raum für Kunstausstellungen und Live-Darbietungen. Das Atrium und der Bereich rund um die Rampe fassen etwa 400 Menschen und im Seminarraum des *Osher Education Center* können Sitzungen mit etwa 100 Menschen abgehalten werden – Platz für Rollstuhlfahrer und Assistenztiere ist vorhanden.

An den Wänden hängen wundervolle Kunstwerke von Menschen mit Entwicklungsbeeinträchtigungen und wir hatten auch schon zahlreiche kulturelle Veranstaltungen: Filme, Tanzvorführungen, Gedichtlesungen, Gedenkveranstaltungen und Hochzeiten. Und natürlich Konferenzen und Vorlesungen.

Der ERC hat unsere Gemeinschaft schon in der Planungs- und Designphase zusammengeschweißt – nun gibt er uns ein gemeinsames Zuhause.

Der Unterschied liegt im Detail

Das Universal Design des ERC geht weit über die ADA[17]-Architektur-Richtlinien („ADAAG") hinaus. Hier einige Universal-Design-Elemente, die bei unseren Nutzern besonders gut angekommen sind:

---

17 Americans with Disabilities Act (Gesetz über die Rechte von Menschen mit Behinderungen)

Übergroße Aufzüge und Fußknöpfe

Im ERC gibt es übergroße, sprechende Aufzüge mit Doppeltüren. Dank der Größe können Rollstuhlfahrer sich mühelos um die eigene Achse drehen und laufen außerdem nicht ständig Gefahr, sich gegenseitig anzustoßen, wenn einmal mehr als ein Rollstuhlfahrer mitfährt. Die Doppeltüren öffnen auf jeder Etage zu beiden Richtungen. Rollstuhlfahrer und Menschen mit eingeschränktem Aktionsradius der Arme können den Aufzug mit Fußknöpfen bedienen.

Spülbecken mit seitlich angebrachtem Wasserhahn

Bei einer unserer vielen, vielen Diskussionen sagte einmal eine Frau mit Bewegungseinschränkungen aus dem Verwaltungsrat, sie habe immer schon von einem Waschbecken geträumt, bei dem die Armaturen seitlich angebracht sind, damit sie leichter an den Wasserhahn herankommt. In allen Kochnischen der Büros sind die Wasserhähne daher seitlich an der Spüle montiert.

Türschalter oben und unten

Viele unserer Türen sind dank eines Bewegungssensors selbstöffnend. Türen, die keine Bewegungssensoren haben, sind mit zwei Türknöpfen in unterschiedlicher Höhe ausgestattet. Es können Hände, Schulter, Kinn, Füße oder die Fußablage eines Rollstuhls benutzt werden, um die Türen des ERC zu öffnen.

Automatiktüren sind wie abgesenkte Bordsteine – irgendwann findet sie jeder nützlich. Die offensichtliche Klientel sind natürlich Menschen mit Mobilitätseinschränkungen oder mit wenig Kraft. Aber auch Menschen, die gerade alle Hände voll haben, vorübergehend mit Krücken unterwegs sind und auch Kinder finden die Türschalter toll.

Aufgepeppte Schlüsslkartenleser

Wie bereits erwähnt, hoffen wir, dass möglichst viele Menschen das Gebäude selbständig betreten und nutzen können. Um das zu gewährleisten, verzichteten wir auf ein klassisches

Schließsystem und installierten stattdessen ein Schlüsselkartensystem. Als wir in unseren Konstruktionsplänen Standard-Kartenleser mit einer Reichweite von etwa 20cm simulierten, fiel uns auf, dass diese bei einer Reihe von Menschen mit eingeschränktem oder gar keinem Bewegungsspielraum nicht funktionieren würden.

Wir ersetzten also die Kartenleser mit der geringen Reichweite zu einem Preis von etwa $ 300 pro Stück plus Verkabelung gegen Lesegeräte mit einer vier Mal so hohen Reichweite von etwa 80cm. Dann stellte sich heraus, dass selbst 80cm für manche noch nicht genügten. Das konnten wir kompensieren, indem wir batteriebetriebene Schlüsselkarten mit Antennen zur Signalverstärkung besorgten.

Toiletten

Die Toiletten waren einer der meistdiskutierten Punkte, und sie bereiteten uns mehr Kopfzerbrechen als jeder andere Raum im ERC.

Die Mehrzweck-Sanitärräume sind sehr großzügig dimensioniert und haben zwei Kabinen. Deshalb sind sie für Menschen geeignet, die entweder auf den linken oder auf den rechten Haltegriff angewiesen sind. Die Einrichtung hat einen hohen Kontrast; so hebt sich beispielsweise das weiße Porzellan sehr gut von den dunklerer Fliesen ab. Die weißen Toiletten und Urinale sind direkt an der dunkel gefliesten Wand angebracht. Alle Toiletten haben eine automatische Spülung; die Wasserhähne, Handtuch- und Seifenspender sowie Handtrockner sind ebenfalls sensorgesteuert. Die Türen haben ebenfalls Sensoren und öffnen automatisch, wenn jemand hinausgehen möchte.

Die automatische Spülung stellt uns allerdings vor ein Problem, mit dem wir nicht gerechnet hatten: Wir konnten keine Rückenlehne montieren, weil diese den Sensor der Spülung verdeckt hätte. Dafür eine Lösung zu finden steht auf unserer ständig wachsenden To-do-Liste.

Es gibt insgesamt vier familien- bzw. assistenzgerechte Toiletten. Zwei der Ein-Personen-Toiletten sind mit einem Haltesystem ausgestattet und zudem ausreichend groß für Erwachsenen-Wickeltische.

Noch etwas Wichtiges: Entscheidungen in Frage stellen

Blickdichte Brüstungen – Wie konnte es dazu kommen?

Es wäre vermessen gewesen zu glauben, dass alle unsere Entscheidungen richtig waren. Wir waren im Gegenteil sogar sicher, dass einige davon uns weiter verfolgen würden und dass wir in anderen Situationen Chancen ausgelassen haben. Wir sollten recht behalten. Wir haben die Bedarfe der Menschen schon gut eingeschätzt, aber es wäre besser gegangen. Ein Beispiel:

Zu unseren Universal-Design-Dauerthemen gehörten die blickdichten, weißen Brüstungen im zweiten Stock. Menschen, die gehen können und zudem groß genug sind, können darüber hinweg auf das Atrium und die Lobby um die Rampe blicken. Den meisten Rollstuhlfahrern und klein gewachsenen Menschen ist dieser Blick verwehrt.

Nun ist es nicht so, dass wir uns keine Gedanken über die Verkleidung in zweiten Stock gemacht hätten. In der Designphase gab es unter den Architekten eine Diskussion darüber, ob die Brüstungen blickdicht oder durchsichtig sein sollten. Dabei waren viele potentielle Nutzer des Gebäudes anwesend, beispielsweise Menschen im Rollstuhl und Menschen mit eingeschränktem Seh- oder Hörvermögen. Letztendlich fiel die Entscheidung auf blickdichte Brüstungen. Der entscheidende Faktor war die Intimsphäre. Die Menschen befürchteten, dass sie sich hinter einer transparenten Brüstung entblößt fühlen würden. Es war ein unangenehmer Gedanke, dass Menschen aus dem Erdgeschoss von einer unvorteilhaften Perspektive aus zu ihnen hinaufblicken würden. Außerdem stand die Befürchtung im Raum, eine transparente Brüstung könnte Schwindelgefühle oder Verwirrung auslösen. Keiner der Anwesenden dachte an die ungleiche Aussicht von oben.

Schon bald nachdem wir das Gebäude bezogen hatten, wiesen uns Rollstuhlfahrer darauf hin, dass sie wegen der weißen Brüstungen nicht von den Gängen des zweiten Stockes aus hinunter schauen können. Dasselbe gilt für die roten Geländer unserer Symbol-Rampe. Mit etwas Geld und einem durchdachtem Design kann hier aber sicher Abhilfe geschaffen werden.

Zu guter Letzt griffen auch nachhaltiges Design und unser Ziel, den ERC Menschen mit multipler chemischer Sensibilität zu öffnen ineinander. Das Baumaterial und das Mobiliar, einschließlich Linoleum, Teppichen, Klebstoffen und Einrichtungsgegenständen erfüllen alle die LEED-Luftreinheitskriterien erfüllen.

Der Ed Roberts Campus ist mehr als ein Gebäude. Er ist die physische Repräsentation von Inklusion und ein Bekenntnis zu sozialer Gerechtigkeit. Die Räumlichkeiten folgen dem Universal-Design-Prinzip und sind barrierefrei nutzbar. Damit ist der Ed Roberts Campus ein stolzer Leuchtturm, der zeigt, wie Diversity in und durch Architektur zelebriert und gefördert werden kann.

Disability Mainstreaming

Michael Spörke

Im Zuge der Debatte um die Umsetzung der UN-Konvention über die Rechte von Menschen mit Behinderungen (UN-BRK) wird ein Begriff immer öfter verwandt: Disability Mainstreaming. Der nachfolgende Beitrag will erläutern was Disability Mainstreaming bedeutet, wie es implementiert wird und welche Bedeutung es unter anderem im Hochschulbereich haben kann, um eine „Hochschule für Alle" entstehen zu lassen.

1. Disability Mainstreaming - Was ist das?

Dahinter steht der Anspruch, dass jedwedes Handeln, sei es in Politik, Verwaltung, Körperschaften des öffentlichen Rechts oder der Privatwirtschaft daraufhin überprüft werden soll, ob und wie es zur Gleichstellung und Teilhabe behinderter Menschen beiträgt bzw. diese verhindert.

Begrifflich entstammt Disability Mainstreaming dem bereits seit längerem bekanntem Theorem des Gender Mainstreamings, welches auch in Deutschland seit einigen Jahren Anwendung findet. Warum ein Rückgriff auf die Erfahrungen von Gender Mainstreaming bei der Implementierung von Disability Mainstreaming sinnvoll ist, darauf weist Katrin Grüber (2007) hin. Grüber führt aus, dass Menschen mit Behinderungen und Frauen zwar, zumindest zum Teil, Angehörige unterschiedlicher Gruppen sind. Jedoch verbinden beide Gruppen ähnliche Erfahrungen, nämlich die Erfahrung der Exklusion und der Diskriminierung. Beide Gruppen erfahren, „dass eine Dominanzkultur Normen setzt mit der expliziten und impliziten Erwartung, die anderen mögen sich daran anpassen" (Grüber 2007). Für beide Gruppierungen wurde demnach vorhandene Ungleichheit jahrhundertelang als Folge von biologischen Unterschieden oder einer natürlichen Eigenschaft angesehen. Die gesellschaftlich bedingte soziale Konstruktion der Ungleichheiten wurde bei Frauen und vor allem bei behinderten Menschen erst in zeitgeschichtlich jüngerer Zeit wahrgenommen.

Es ist daher sinnvoll und sachlich geboten, bei Überlegungen zum Disability Mainstreaming auf die Erfahrungen im Gender Mainstreaming zurückzugreifen. Zur genaueren Klärung der Begrifflichkeit Disability Mainstreaming ist es aber auch sinnvoll und notwendig, sich den darin enthaltenen Bedeutungen zu nähern.

1.1. Disability

Disability ist zuerst einmal nichts anderes als die englische Begrifflichkeit für das deutsche Wort Behinderung. Aber hinter dem Begriff der Behinderung stehen eine Vielzahl verschiedener Theorien, die sich jeweils aus einem anderen Blickwinkel dem nähern, was Behinderung ist und wodurch Behinderung verursacht wird.

Davis stellt fest, dass behinderte Menschen im historischen Rückblick oft isoliert und gefangen waren, beobachtet wurden, über sie geschrieben wurde, an ihnen umheroperiert wurde und sie reguliert, institutionalisiert und kontrolliert wurden, in einer Weise, wie es keine andere Minderheit je erfahren hat (Davis 1997: 1). Und auch wenn der marginalisierte und unterdrückte Status von behinderten Menschen heute ein sichtbarer Teil unserer Gesellschaft ist, so ist doch die theoretische Aufarbeitung dieses Phänomens im Vergleich zu rassistischer und sexueller Unterdrückung immer noch eher schwach ausgeprägt (Imrie 1996: 27). Die theoretische Beschäftigung mit dem Phänomen Behinderung beginnt in der Zeit nach dem 2. Weltkrieg.

1.1.1. Strukturfunktionalismus

Talcott Parsons (1975) beschrieb die Rolle von Kranken innerhalb eines sozialen Systems und legte damit den Grundstein für die medizinische Soziologie und die theoretische Begründung für ein, nach wie vor vorherrschendes, individuelles, medizinisch begründetes Verständnis von Behinderung (Thomas 2007: 16). Danach funktioniert ein soziales System wie ein biologischer Organismus, in dem verschiedene soziale Strukturen miteinander interagieren und in Beziehung stehen. Grundlage für das Funktionieren dieses Systems ist, so Parsons, die Gesundheit der Mitglieder des Systems. Denn, so Parsons weiter, nur Gesunde könnten ihre Rollen im System als Arbeiter erfüllen und zur Erhaltung der Wirtschaft und des Familienlebens beitragen. Danach stellen Krankheit, Behinderung und hier vor allem geistige Behinderung eine soziale Abweichung dar, die die soziale Struktur untergräbt, weil kranke und behinderte Personen weder produzierend, noch in anderer Form beitragend, am Überleben des sozialen Systems mitarbeiten. Die Störung des normalen Funktionierens eines Menschen innerhalb einer sozialen Struktur ist also eine Form der sozialen Abweichung, die das Überleben des ganzen sozialen Systems stört. Da deshalb, so Parsons, das Überleben eines sozialen System vom Management und der Begrenzung von Krankheit und der Wiederherstellung der individuellen Gesundheit abhängt, kann Krankheit und Behinderung nur in der gesellschaftlich geduldeten Rolle des Patienten legitimiert werden. Dieser gesellschaftlich geduldete Patient bemüht sich, nach Parsons Modell der Sick Role, wieder gesund zu werden und begibt sich deshalb in die

Hände der Medizin und folgt deren Anweisungen, um so maximale Gesundheit zu erlangen und zum Funktionieren des sozialen Systems beizutragen. Deshalb hängt es allein von der Bereitschaft chronisch Kranker oder Behinderter ab, ihre Gesundheit und körperlichen Funktionen maximal zu erhalten und sich der medizinischen Behandlung zu unterwerfen, ob sie sozial anerkannt sind (Parsons 1975: 259 ff). Dieses Verständnis hat seine Wurzeln in einer pathologisierenden, die Betroffenen kritisierenden, Sicht auf chronische Erkrankung und Behinderung (Thomas 2007: 19). Diskriminierung und Benachteiligung behinderter Menschen entsteht demnach durch sozial schädigendes Verhalten von Seiten der behinderten Menschen, die sich einer sozial geforderten medizinischen Behandlung entziehen oder sich dieser nicht, im als gesellschaftlich erforderlichen angesehenen Maß, unterwerfen. Aber Parsons geht noch ein Stück weiter, indem er davon ausgeht, dass es Menschen gibt, die sich aufgrund früher familiärer Erlebnisse selber in risikovolle Unfälle oder Infektionen stürzen. In diesem Sinn kann Krankheit und besonders mentale Krankheit für Parsons eine Form der strategischen Erkrankung sein, um dem Druck der modernen Gesellschaft zu entfliehen (Parsons 1975).

Eine häufige Kritik an Parsons' Konzept der Sick Role ist, dass sein Modell nur für akute Krankheiten gelten könne, aber nicht für chronisch Kranke und Behinderte. Dies wird damit begründet, dass chronisch Kranke und Behinderte gar nicht in der Lage seien, die volle Gesundheit zu erlangen (Mechanic 1959, Freidson 1970). Dem widerspricht Gerhardt (1989), indem sie auf die Abstraktion von Krankheit hinweist, der Parsons' Konzept zu Grunde liege. Danach stellt die Sick Role eine soziale Form da die akute und chronische Krankheit ebenso unter sich vereint, wie Behinderung. Auch Parsons selber geht auf die Kritik zur eingeschränkten Bedeutung der Sick Role ein. Er stellt klar, dass sein Modell auch für chronisch Kranke und Behinderte gelte, die sich, auch wenn „das Ziel der kompletten Heilung unbrauchbar wird", der medizinischen Behandlung unterziehen müssen, um eine Verschlechterung der Gesundheit zu verhindern (Parsons 1975: 259). Gerhard (1989: 47) kritisiert, dass Parsons' Theorien „die nicht gewollten oder quälenden Aspekte von Schmerzen, der Unfähigkeit zu laufen oder eine Toilette benutzen zu können", wie sie Betroffenen erleben, nicht berücksichtigen. Auch weist Gerhard darauf hin, dass Parsons' Konzept die Gefahr von Verarmung und Benachteiligung, welche für chronisch Kranke und Behinderte in der Gesellschaft besteht, ebenso vernachlässigt wie die Belastung, unter der Menschen leiden, die nicht (mehr) gebraucht werden und zur Passivität und Untätigkeit verurteilt sind.

1.1.2. Symbolischer Interaktionismus

Die von Gerhard (1989) kritisierte fehlende Berücksichtigung der sozialen Benachteiligung von Behinderten in Parsons' Konzeption führt direkt zu den Vertretern des symbolischen Interaktionismus (Blumer 1973; Hall 2008; Mead 1978). Die in den fünfziger Jahren des letzten Jahrhunderts an Bedeutung gewinnende Soziologie des symbolischen Interaktionismus teilte zwar mit Parsons' Strukturfunktionalismus die Sicht, dass Krankheit eine Form der sozialen Abweichung ist. Aber die Vertreter des symbolischen Interaktionismus bezweifelten, im Gegensatz zum Strukturfunktionalismus, dass die soziale Abweichung durch Verhalten oder bestimmte Eigenschaft von Personen entsteht. Sie gehen vielmehr davon aus, dass es notwendigerweise der Etikettierung und Kategorisierung als unakzeptabel „anders" durch soziale Autoritäten bedarf, um zum Typus der Abweichung zu zählen. Es sind nicht die objektiven Umweltmerkmale, welche das Verhalten der Menschen prägen, sondern vielmehr die subjektiven Bedeutungen, die Menschen den Objekten und Personen zuweisen (Bortz/Döring 2005). Blumer (1973) stellt fest, dass alle Dinge für Menschen Bedeutungen haben, nach denen sie ihr Handeln ausrichten. Die Bedeutungen stellen die Grundlage des menschlichen Handelns dar, sind das Produkt sozialer Interaktion und können je nach Situation beibehalten oder verändert werden. So erfahren Personen, die wegen eines besonderen Charakteristikums (lange Krankheit, Blindheit u.a.) von der gesellschaftlich definierten Normalität abweichen, eine soziale Reaktion, wenn sie sich öffentlich zeigen. Diese Reaktion ist durch die kulturelle Bedeutung von Normalität in der jeweiligen Gesellschaft begründet und kann von Akzeptanz bis Ablehnung variieren (Lemert 1951: 29 ff).

Der symbolische Interaktionismus hatte seinen Höhepunkt während einer Zeit, als Medizin und Wohlfahrt in den industrialisierten Ländern daran arbeiteten, sozial abweichende Personen von der Gemeinschaft zu entfernen und in Anstalten, Sonderschulen und andere segregierende Institutionen unterzubringen. Gerhard (1989) unterscheidet zwei Modelle innerhalb dieser Theorieschule: das Krisen- und das Aushandlungsmodell.

Das Krisenmodell ist vor allem durch Goffmans Arbeit über den Zusammenhang von mentaler Krankheit, totaler Institution und Stigma bekannt geworden. Chronisch Kranke und behinderte Menschen werden hier als die unglücklichen und leidenden Opfer von sozialen Etiketten angesehen, durch die stigmatisierende Ansichten weitergetragen werden. Auf Goffman geht auch der Begriff der Totalen Institution als Bezeichnung für segregierende Institutionen zurück (Goffman 1961). Stigmatisierung im Goffmann'schen Sinne ist ein interaktiver Prozess in dem menschliche Eigenschaften, nicht nur als anders, sondern als abweichend bezeichnet werden. Dies ist als kollektiver Abwertungsprozess zu verstehen, durch den eine Konzeption des Normalen geschaffen und sozial aufrechterhalten wird. Der Prozess der Stigmatisierung legitimiert den Status Quo, unterstützt die Einbürgerung von Merkmalen wie Minderwertigkeits- und Überlegenheitsgefühlen und verdeckt die soziale Konstruktion beider Kategorien (Garland Thomson 2002: 241-242).

Im Aushandlungsmodell liegt der Fokus weiterhin auf der sozialen Abweichung chronisch kranker und behinderter Menschen, aber hier geht man davon aus, dass der Patient das Etikett der Abweichung zwar nicht verhindern kann, aber den Prozess der Etikettierung aktiver mitsteuern kann. Dies kann geschehen, indem Patienten aktiv versuchen, normales Verhalten zu zeigen, um akzeptiert zu werden (Glaser/Strauss 1967). Die Fähigkeit, normal erscheinen zu können, ist jedoch individuell unterschiedlich ausgeprägt und so ist auch die Wahrscheinlichkeit, gesellschaftlich akzeptiert zu werden, unterschiedlich ausgeprägt.

Wo sich der Strukturfunktionalismus auf die Störung des normalen Funktionierens eines Menschen innerhalb einer sozialen Struktur als Form der sozialen Abweichung stützt, lenkt der symbolische Interaktionismus die Aufmerksamkeit auf die Etikettierung und Kategorisierung, durch die chronisch Kranke und Behinderte als sozial abweichend bezeichnet werden. Die Folgen dieser Kategorisierung in Form einer sozialen Reaktion werden beleuchtet und insbesondere bei Goffman wird das auf chronisch Kranken und behinderten Menschen lastende Stigma der als unglücklich und leidend angesehenen Opfer untersucht. Den mit der Kategorisierung und Stigmatisierung verbundenen sozialen und gesellschaftlichen Abwertungsprozess der Betroffenen, sehen die Vertreter des symbolischen Interaktionismus als konstituierend und bewahrend für die Existenz und Aufrechterhaltung der anderen, normalen Welt an. Strübing (2005: 166) kritisiert, dass der symbolische Interaktionismus die Bedeutung körperlichen und physischen Handelns in der Interaktion ignoriere. Giddens (1999: 612) hält dem symbolischen Interaktionismus vor, sich fast ausschließlich auf das Mikro-Geschehen zu konzentrieren, ohne die Strukturen und Prozesse des Makrobereichs einzubeziehen.

1.1.3. Historischer Materialismus

Wurde beim symbolischen Interaktionismus noch das Fehlen der makro-soziologischen Ebene kritisiert, beschäftigt sich die Theorie des historischen Materialismus vor allem mit dieser makro-soziologischen Ebene (Werning 2002: 45). Fußend auf dem historischen Materialismus (Hunt 1966; Finkelstein 1980; Oliver 1983) entwickelte sich Mitte der sechziger Jahre des letzten Jahrhunderts erstmals ein Verständnis von Behinderung nicht als Ausdruck sozialer Abweichung, sondern als sozialer Konstruktion, welche durch gesellschaftliche Benachteiligung entstehe. Theoriegrundlage des historischen Materialismus ist die Annahme, dass sich menschliche Geschichte nicht durch Ideen verändert, sondern durch ökonomische Interessen und Interessenkonflikte, und Gesellschaften sich nicht durch Ideale, sondern aufgrund von Klassenkämpfen verändern. Die Verfechter des materialistischen Ansatzes, vor allem behinderte Akademiker mit Verbindung zur Behindertenbewegung, sehen in einem radikalen Wechsel der Gesellschaft die Lösung, um die aus ihrer Sicht behindernde kapitalistische Gesellschaft zu überwinden. Durch die hier stattgefundene Verbindung von eigener behindertenpolitischer Erfahrung und akademischer Beschäftigung mit Behinderung entstand mit den Disability Studies eine eigene wissenschaftliche Fachrichtung zum Thema Behinderung (Finkelstein 1980; Oliver 1983). Paul Hunt's „Stigma. The Experience of Disability" von 1966 stellt mit einer Sammlung von 12 Essays behinderter Menschen die erste Auseinandersetzung mit Behinderung vom materialistischen Standpunkt aus dar. Hunt zeigt das Leben behinderter Menschen in einer Zeit steigenden politischen Bewusstseins und neuer Formen der politischen Organisation behinderter Menschen. Er verweist auf die Notwendigkeit, angesichts der mächtigen medizinischen und professionellen Kontrolle über das Leben behinderter Menschen, ein soziales Verständnis von Behinderung zu formulieren (Hunt 1966; Thomas 2007). Im materialistischen Modell wird Beeinträchtigung als funktionale Einschränkung einer Person verstanden, die durch eine körperliche, geistige oder sensorische funktionale Beeinträchtigung verursacht wird. Dagegen wird Behinderung als der Verlust oder die Limitierung der Möglichkeiten der Teilnahme am normalen Leben der Gemeinschaft in derselben Art und Weise wie andere Menschen, hervorgerufen durch physische oder soziale Barrieren, verstanden. Zentrale Aussage dieses Modells ist deshalb, dass behinderte Menschen durch objektive, von der Gesellschaft produzierte, Umweltmerkmale behindert bzw. ausgegrenzt werden, indem ihre Bedürfnisse nicht wahrgenommen werden (Tregaskis 2004: 10). Es wird argumentiert, dass nichtbehinderte Mitglieder der Gesellschaft und ihre sozialen Institutionen behinderte Menschen in vielfacher Weise unterdrücken, sei es durch Ausschluss vom Arbeitsmarkt oder dem allgemeinen Bildungssystem, indem sie als Abhängige in Institutionen abgeschoben werden, ihnen der Zugang zu Gebäuden verwehrt wird und sie in Armut gehalten werden. Die soziale Konstruktion von Behinderung ist, ebenso wie die Bedeutung, die unsere Gesellschaft diesem Begriff zuschreibt, direkt verbunden mit der Errichtung einer behindertenfeindlichen Umwelt, die behinderte Menschen segregiert und von der Mehrheit separiert (Imrie 1996: 13). Behinderung ist demnach eine „sozio-politisch definierte und bekämpfte Identität" und die gebaute Umwelt „ist in soziale Produktion und Reproduktion der Identitäten, die sie umgibt, also auch von Behinderung", verwickelt (Imrie 1996: 24). Materialistische Theoretiker sind deshalb der Überzeugung, dass behinderte Menschen die Gesellschaft verändern und die Kontrolle über ihr Leben übernehmen müssen (Thomas 2007: 51 ff).

Finkelstein entwickelte die Theorie, dass das Konstrukt von Behinderung, im Gegensatz zur Einschränkung, als Produkt materieller Bedingungen zu einem bestimmten sozio-historischem Zeitpunkt entstand (Finkelstein 1980). Drei historische Phasen der historischen Entwicklung wurden von ihm entwickelt. In Phase 1, vor der industriellen Revolution, wurden die so genannten Krüppel in die untere Gesellschaftsschicht neben Armen und Bettlern eingeordnet. Phase 2 ist durch die Industrialisierung gekennzeichnet und führt zu einer Segregation behinderter Menschen in große Einrichtungen, die einhergeht mit der Konstruktion von beeinträchtigten Menschen als passiv, bedürftig und von nicht behinderten Menschen abhängigen. Finkelstein geht davon aus, dass heutige soziale Vorurteile gegenüber behinderten Menschen aus dieser Zeit stammen. In der dritten Phase seines Modells, die im letzten Viertel des 20. Jahrhunderts begann, könnten es, seiner Meinung nach, neue elektronische Technologien auch schwerbehinderten Menschen ermöglichen, selbstbestimmt und unabhängig in der Gemeinschaft leben zu können. Vorurteile könnten so überwunden und die soziale Unterdrückung behinderter Menschen aufgehoben werden (Finkelstein 1980, 7-8).

Nach Oliver (1990) hat die mit der Industriellen Revolution verbundene Änderung des Lebens- und Arbeitsrhythmus den sozialen und ökonomischen Status behinderter Menschen entscheidend geprägt. Die Herausbildung der modernen, industriellen Stadt ermöglichte eine Individualisierung ihrer Bewohner und sollte „ein Merkmal der Befreiung von der Monotonie und Möglichkeitsarmut auf dem Land sein" (Wagner 2009: 24). Die Trennung von Arbeit und Wohnen und die Entstehung eines Ethos, wonach nur arbeitsfähige Menschen von (gesellschaftlichem) Wert sind, führte allerdings, so Oliver, für behinderte Menschen zur Segregation von als unnütz angesehenen in spezielle Einrichtungen, versteckt und entfernt vom Rest der Gesellschaft (Oliver 1990; Hahn 1988).

Auf Olivers Erkenntnissen aufbauend bietet die empirische Arbeit von Gleeson (1999: 11, 31-39) eine materialistisch geprägte Darstellung der Entstehung von Behinderung in den westlichen Gesellschaften. In seiner Auswertung des Lebens behinderter Menschen im feudalen England und in industrialisierten Städten Englands und Australiens kommt er zu der Erkenntnis, dass Behinderung durch die Sozialisation von Einschränkungen produziert wird, welche von Zeit zu Zeit variiert. Das Leben behinderter Menschen ist in der Zeit des Übergangs vom Feudalismus zur industrialisierten Gesellschaft vor allem durch die Entwurzelung der Menschen von ihrem landwirtschaftlich geprägten Arbeits- und Lebensstil geprägt. Überfüllte, unsaubere städtische Zentren wurden zu den neuen Lebensräumen der Arbeiter, die sich langen Arbeitszeiten und Minimalstandards an Geschick und Geschwindigkeit bei der Arbeit anpassen mussten. Wenn Menschen diesen Erfordernissen nicht gerecht wurden, konnten sie ihre Arbeitskraft nicht mehr zu gleichen Bedingungen verkaufen. Als nicht mehr oder nur eingeschränkt Arbeitsfähige entwertete sich ihr gesellschaftliches Ansehen. Es etablierte sich eine soziale Ausdifferenzierung zwischen nicht oder nur eingeschränkt arbeitsfähigen = behindert und arbeitsfähigen = nicht-behindert. Die Institutionalisierung der überflüssigen, da nicht arbeitsfähigen, behinderter Menschen war die staatliche Antwort auf diese Entwicklung. Proletarisierung und Urbanisierung verursachten auf dieses Weise eine unterdrückende Situation für beeinträchtige Menschen. Hier sieht Gleeson die Grundlage der heutigen Unterscheidung zwischen behindert und nicht-behindert und der damit einhergehenden Unterdrückung behinderter Menschen. Zeichen der heutigen Unterdrückung behinderter Menschen sind, so Gleeson, vor allem die nicht barrierefreie Umwelt, aber auch entwertende kulturelle Vorstellungen und ein Ausschluss behinderter Menschen von Konsum und Produktion. All dies ist „tief eingemeißelt in die diskursive, institutionelle und materielle Dimension der Städte" (Gleeson 1999: 11).

Ausgangspunkt der materialistisch geprägten Sicht auf Behinderung ist also im Gegensatz zu symbolischer Interaktionismus die Makroebene gesellschaftlicher Prozesse. Die materialistischen Vertreter unterscheiden zwischen Einschränkung und Behinderung. Einschränkung ist hierbei der Oberbegriff für alle funktionalen Einschränkungen einer Person, die durch eine körperliche, geistige oder sensorische funktionale Beeinträchtigung verursacht wird. Behinderung wird im Gegensatz dazu verstanden als Verlust oder die Limitierung der Möglichkeiten der Teilnahme am normalen Leben der Gemeinschaft in derselben Art und Weise wie andere Menschen. Die Entstehung von Behinderung wird hier mit dem Ausschluss körperlich und geistig eingeschränkter Menschen aus dem Produktionsprozess und damit aus allen anderen wichtigen Lebensbereichen verbunden, der sich im Laufe der Geschichte vollzogen habe und mit der Bildung von physischen oder sozialen Barrieren einherging.

Größter Kritikpunkt an diesem Theoriegebilde ist die Begrenzung auf ökonomische Zusammenhänge als materialistische Erklärungsversuche zu Behinderung (Shakespeare 2006; Abberley 1996). Abberley geht davon aus, dass es in der Natur von körperlichen, mentalen und sensorischen Einschränkungen liegt, dass es immer einige Menschen geben wird, die nicht am Arbeitsleben teilnehmen können, egal welche sozioökonomischen Grundlagen in einer Gesellschaft gelten. Er sieht in der Theorie von Finkelstein und Oliver die Gefahr, dass falsche Hoffnungen auf gleiche Teilhabe im Arbeitsleben erzeugt werden, die nicht für alle zu erfüllen seien (Abberley 1996). Shakespeare (2006: 50-53) lehnt außerdem die Unterscheidung zwischen Behinderung und Einschränkung ab, da körperliche bzw. geistige Einschränkungen für ihn ein Teil der Behinderung sind und nicht davon losgelöst betrachtet werden können. Er kritisiert die materialistische Überzeugung, dass durch sozialen Wandel der Gesellschaft Behinderung beseitigt werden könnte, denn „die Beendigung von unfairer Diskriminierung gegenüber behinderten Menschen wird nicht alle Probleme behinderter Menschen beseitigen. Selbst wenn Umwelt und Transportwesen barrierefrei wären und es keine unfaire Diskriminierung auf der Basis von Behinderung gebe, wären viele behinderte Menschen immer noch benachteiligt", so Shakespeare (2006: 65).

1.1.4. Poststrukturalistische Theorie

Die Kritik von Shakespeare an der materialistischen Erklärung von Behinderung führt direkt zu den poststrukturalistischen Theorien (vgl. Moebius; Reckwitz 2008), mit denen sich das Forschungsinteresse ändert. Im Gegensatz zum Materialismus, wo das Hauptaugenmerk auf ökonomischen Zusammenhängen liegt, konzentriert sich das Interesse der Poststrukturalisten vor allem auf Kultur, Sprache und Diskurs, ohne jedoch ökonomische Aspekte völlig auszublenden (Thomas 2007: 63). Die poststrukturalistischen Vertreter kritisieren nicht nur eine vor allem auf ökonomische Prozesse abhebende materialistische Erklärung von Entstehung und Folgen von Behinderung, sondern sie wenden sich auch gegen die Unterscheidung körperlicher, mentaler und sensorischer Einschränkung und Behinderung, wie sie von der materialistischen Theorie vertreten wird, als weitere nicht haltbare Form des binären Denkens. Wie Hughes und Paterson (1997) ausführen, ist auch der eingeschränkte Körper ein lebender Körper. Behinderte Menschen erfahren Einschränkung genauso wie Behinderung, „aber nicht in getrennten Bereichen, sondern als Teil der komplexen Beziehung zwischen Unterdrückung und Leiden" (Hughes/Patterson 1997: 334). Die Idee, Wissenschaft könne eine objektive Wahrheit entwickeln und als rationale Kraft des sozialen Fortschritts, wie im Materialismus, fungieren, wird als Illusion betrachtet. (Thomas 2007: 36)

Die Poststrukturalisten sehen ihre Aufgabe darin, soziale Bedeutungen zu dekonstruieren, sei es im medizinischen, akademischen oder literarischen Bereich (Thomas 2007: 64). Aufbauend auf Foucaults Dekonstruktion der Beziehung (bezeichnet als Diskurs) zwischen Wissenssystem und der Macht, liegt der Fokus in der poststrukturalistischen Diskussion um Behinderung deshalb auf der diskursiven Konstruktion und Regulation von sozialer Abweichung in Form von Behinderung als Methode der Machterhaltung und -festigung des Normalen. Foucault (1976) geht davon aus, dass in der modernen Epoche vor-kapitalistische Kontrollmechanismen, zum Beispiel Gewalt, durch sehr viel subtilere, aber nicht weniger effektive Methoden der Machtausübung ersetzt wurden. Zu diesen Methoden zählt Foucault die Biomacht. Durch die Biomacht entsteht „[...] die Gefahr, dass die neuen biologischen Kontrollpraktiken diejenigen unterdrücken, einschränken und sogar eliminieren, die in biologischer Hinsicht – von Medizinern, Eltern oder vielleicht sogar von politischen Instanzen – als defizitär eingeschätzt werden" (dt. Übersetzung nach Rose 2001: 2). Die Biomacht, so Foucault, agiert durch staatliche Kontrollapparaturen mit dem Ziel, die Bevölkerung zu regulieren und so Normalität zu konstituieren und zu erhalten. (Foucault 1976: 230) Die Biomacht baut auf die Angst, nicht normal zu sein. Ziel der Machtausübung ist die Dressur des Menschen, als einzelne Körper im Interesse des Souveräns (Bundschuh 2000: 21). „Auf dem Felde der politischen Praktiken und der ökonomischen Beobachtungen stellen sich die Probleme der Geburtenrate, der Lebensdauer, der öffentlichen Gesundheit, der Wanderung und Siedlung; verschiedenste Techniken zur Unterwerfung der Körper und zur Kontrolle der Bevölkerung schießen aus dem Boden und eröffnen die Ära einer Biomacht" (Foucault 1983: 135). Das Individuum wird aufgrund bestimmter Eigenschaften bewertet, übernimmt eine passende Aufgabe, eine soziale Rolle und wird einer gesellschaftlichen Gruppe zugeordnet (oder tut dies auch selber). „An der aktuellen Form der Kontrolle scheint mir die Tatsache charakteristisch, dass sie über jedes Individuum ausgeübt wird: eine Kontrolle, die uns eine Identität verfertigt, indem sie uns eine Individualität aufzwingt" (Foucault 1974: 71). Biomacht symbolisiert die staatliche Überwachung der Bevölkerung; sie repräsentiert eine biologische, medizinische Bevölkerungspolitik, die institutionalisiert als Krankenversicherung, Alterssicherung, Hygieneregeln, Schulpflicht, Geburtenkontrolle verankert ist. Ziel ist es, das Leben entlang einer Norm „zu optimieren" (Foucault 1992: 34).

Davis (2002), der die historische Konstruktion des Konzepts Normalität und die daraus folgenden Konsequenzen für behinderte Menschen untersucht hat, stellt dar, dass das Konzept von Normalität im frühen bis mittleren neunzehnten Jahrhundert entstand. Danach hängt die Entwicklung der normal/unnormal-Dichotomie mit der Entstehung der mathematischen Wissenschaften zusammen. Die Statistik und die Entwicklung der Normalkurve förderten die Herausbildung der Idee von körperlichen Normen und der Standardisierung dieser. Seitdem gebe es den Zwang, in das Konzept der Normalität und den Hauptteil der Normalkurve zu passen (Davis 2002: 105).

Die Norm stellt für Foucault das Ziel eines Idealbildes des Menschen dar. Die Norm benötigt Abnormen, wie zum Beispiel Behinderungen, um sich selber definieren und legitimieren zu können. Sie braucht imperfekte Minderheiten, die von der Mehrheit ausgegrenzt werden und gesellschaftliche Subgruppen bilden. Um diese Unterscheidungen in Norm und Abnorm durchführen zu können, ist die Medizin notwendig, welche die Kriterien für Abnorm bzw. Behinderung festlegt. Um Abnormität zur Norm zu führen oder wenigsten der Norm anzugleichen, wird der Körper nötigenfalls medikalisiert und reguliert (Foucault 1976). So konstruiert das binäre Denken von Normalen/Unnormalen Terminologien wie Behinderung als Merkmal für die Abnorm. Corker und Shakespeare führen dazu aus, „dass, auch wenn sie antagonistisch sind, ‚Normalität' ‚Behinderung' für die eigene Definition braucht; eine Person ohne Einschränkungen kann sich selber nur als normal definieren in Opposition zu den Menschen, zu denen sie nicht gehört" (Corker/ Shakespeare 2002: 7). Die Begrifflichkeit der Behinderung ist also bedeutungslos ohne die Konstituierung einer Normalität. Behinderte Menschen fungieren hierbei als „Abladeplatz für die Projektionen der tief sitzenden Angst ‚normaler' Menschen vor Krankheit, Schwäche, Unfähigkeit und Sterblichkeit" (Thomas 2007: 66). Durch diese Perspektive wird die diskriminierende Behandlung behinderter Menschen nicht nur als Zeichen von Ignoranz und Nichtinteresse verstanden, sondern als Reflektion von Ängsten und Unsicherheiten der Nichtbehinderten.

Wenn ein Mensch nicht der Norm entspricht, wird er weggesperrt, um ihn in einer entsprechenden Anstalt zu korrigieren und später in die Normalisierungsgesellschaft zu reintegrieren (Bundschuh 2000: 26). So müssen behinderte Menschen eine besondere Last tragen, die durch neue Technologien und Praktiken der Biomacht, mit dem Ziel der Stabilisierung des als normal definierten, ausgelöst wird. Zu diesen Technologien und Praktiken zählt Tremain (2006: 5-6) in Bezug auf behinderte Menschen unter anderem die Unterbringung in Heimen, Sonderschulen, Sonderfahrdienste, Werkstätten für Menschen mit Behinderungen und den verstärkte Druck, Pränataldiagnostik zur Verhinderung von Behinderung anzuwenden. Diese Technologien und Praktiken fördern die Teilung, Klassifizierung und Ordnung anhand einer Norm, die zum Hauptinstrument der Individualisierung von Menschen wird und gleichzeitig die Diskriminierung behinderter Menschen verursacht und verschärft (Thomas 2007: 35 ff).

Im poststrukturalistischen Ansatz ist Behinderung eine notwendige, das Normale stabilisierende, konstruierte Kategorie. Weder wird von den Poststrukturalisten die Verantwortung für Behinderung auf die Betroffenen abgewälzt wie beim Strukturfunktionalismus, weder ist ihre Theorie wie beim symbolischen Interaktionismus fast ausschließlich auf das Mikro-Geschehen fokussiert, noch konzentrieren sie sich, wie die materialistischen Vertreter, vor allem auf ökonomische Bedingungen. Vielmehr wird die Kategorie Behinderung mit der Kategorie des Normalen in allen Bereichen des Lebens ins Verhältnis gesetzt. Behinderung wird nicht losgelöst von Normalität betrachtet, sondern „sie ist wesentlich zur Behauptung der Normalität" (Corker/Shakespeare 2002: 7). Kritisiert wird in dieser auch als kulturelles Modell von Behinderung bezeichneten Theorie „eine gesellschaftliche Praxis, die homogene Gruppen konstruiert und diese auf der Basis normativer Bewertungen hierarchisiert, anstatt die eigene Heterogenität anzuerkennen und wertzuschätzen. Aus Sicht des kulturellen Modells sind nicht nur die Politik, sondern auch Lebenswelt und Diskurs aufgefordert, den soziokulturellen Wandel zu bewirken, der notwendig ist, um Behinderung als stigmatisierte Lebenslage zu überwinden" (Waldschmidt 2005: 27). Somit wird im Poststrukturalismus nicht

mehr nur alleine der behinderte Mensch, sondern auch die „normale" Mehrheitsgesellschaft zum Untersuchungsgegenstand. Einige Vertreter der Disability Studies sehen den auch in den poststrukturalistischen Theorien eine große Chance
für die Erforschung des Phänomens Behinderung (Thomas 2007: 63).

Grundlage für den Disability-Begriff, wie ihn das Disability Mainstreaming impli-
ziert, sind die dargestellten sozialen und kulturellen Modelle von Behinderung. Der
Prozess des Disability Mainstreaming dient also, in Anlehnung an die Definition
von Anne Waldschmidt, dazu, in der gesamten Lebenswelt einen soziokulturellen
Wandel zu bewirken und so Behinderung als stigmatisierte Lebenslage zu überwinden.

1.2. Was bedeutet Mainstreaming?

Neben dem zugrundeliegendem Behinderungsbegriff ist nun aber auch die
Begrifflichkeit des Mainstreaming zu erläutern. Mainstreaming meint nichts ande-
res als dafür Sorge zu tragen, dass marginalisierte Thematiken zurück in den
Fokus des Mainstreams, des Hauptstroms, der Diskussion gebracht werden und
zwar von Beginn an und nicht erst am Ende von Entscheidungsprozessen.
Dadurch sollen Forderungen und Anliegen behinderter Menschen wichtiger Teil in
Prozessen von Politik, Verwaltung, Gesellschaft und Wissenschaft werden und auf
strukturierte Weise auf breiter Basis diskutiert werden.

Das Ziel des Mainstreamings besteht dabei darin, auf Probleme aufmerksam
zu machen und diese zu beseitigen. Im Falle des Disability Mainstreamings ist das
Ziel, Exklusion zu beenden und Inklusion und den Abbau von Barrieren zu fördern,
um behinderten Menschen die volle und freie Teilhabe an der Gesellschaft zu
ermöglichen.

1.2.1 Mainstreaming Modell

Disability Mainstreaming ist Instrument und Konzept in einem. Um Disability
Mainstreaming erfolgreich implementieren zu können, werden verschiedene Phasen durchlaufen. Die hier im folgendem dargestellten Phasen sind der Darstellung
des Voluntary Service Overseas entliehen (VSO 2006).

Generell ist die Basis eines effektiven Disability Mainstreamings ein starkes
Management mit klaren Strukturen, fortlaufenden Aktivitäten und Zwischenergeb-
nissen, einem ausreichendem Budget und einem realistischen Zeitrahmen zur
Umsetzung.

Die erste Phase im Disability Mainstreaming ist das Bekenntnis der Organisation. Darunter ist zu verstehen, dass von der zuständigen Organisationseinheit

festgeschrieben werden muss, um welches konkrete Thema es gehen soll, warum man Mainstreaming-Prozess starten möchte und was das Ziel des Mainstreaming-Prozesses ist. Das Bekenntnis ist somit die Grundlage aller weiteren Aktivitäten im Mainstreaming-Prozess.

Als nächster Schritt folgt die Phase der Sensibilisierung. Hier geht es darum, die Menschen in der Organisationseinheit für das Thema zu begeistern und persönliche Bekenntnisse zum Mainstreaming-Prozess zu erreichen. Es geht darum die einzelnen Individuen in das Gesamtkonzept einzubeziehen.

In der dritten Phase, dem Arbeitsplatz-Mainstreaming, geht es im Fall des Disability Mainstreamings darum, abzusichern, dass behinderte Menschen direkt am Mainstreaming-Prozess mitarbeiten können, der Prozess inklusiv ist und alle einbezogen werden.

Beim Programm Mainstreaming, der vierten Phase, wird abgesichert, dass alle Programme und Services einer Organisation inklusiv und nicht diskriminierend sind sowie keine neue Barrieren oder andere negative Effekte durch den Mainstreaming-Prozess selber produziert werden. Das bedeutet auch, dass behinderte Menschen hier an Programmplanung, -implementierung, -management, und -kontrolle beteiligt sein müssen.

In der letzten Phase, dem Strategiemainstreaming, wird Sorge dafür getragen, dass alle Prozesse, die von übergeordneter Bedeutung sind, ebenfalls dem Ziel des Mainstreaming-Prozesses entsprechen.

Grundsätzlich gilt, dass in allen Stufen des Disability Mainstreamings behinderte Menschen aktiv zu beteiligen sind und auch der Genderaspekt durchgängig Berücksichtigung finden muss.

2. Disability Mainstreaming – Weg zur dauerhaften Partizipation oder Beginn vom Ende der Partizipation

Disability Mainstreaming baut darauf auf, dass behinderte Menschen und ihre Organisationen eine aktive Rolle in alle Phasen des Mainstreaming-Prozesses spielen. Es geht dabei darum, die Belange von behinderten Menschen in bestehende Agendas, Rahmenwerke und Prozesse einzubetten und nicht separate Aktivitäten für behinderte Menschen zu starten.

Disability Mainstreaming ist dabei nicht Mittel zur Entledigung der Partizipation behinderter Menschen. Erfolgreiches Disability Mainstreaming muss vielmehr die Forderungen und Bedürfnisse behinderter Menschen bei allen Fragestellungen berücksichtigen. Behinderung muss so zum Thema von allen Beteiligten werden und nicht nur einer Stelle, wie dem Behindertenbeauftragten. Gleichzeitig muss aber eine besondere Stelle, wie der Behindertenbeauftragte, bestehen bleiben und so ausgestattet sein, dass sie arbeitsfähig ist und über weit reichende Rechte verfügt. Ohne eine solche Stelle, die als Monitoringstelle agiert, würden sicherlich viele Mainstreaming-Prozesse wieder erlahmen oder gar gestoppt werden. Die Belange behinderter Menschen könnten so nicht dauerhaft sichtbar gemacht und Problem nicht beseitigt werden. Nicht über uns ohne uns, gilt also auch und gerade im Mainstreaming-Prozess, wenn er Erfolg haben soll.

2.1. Disability Mainstreaming in der Politik

Für politische Prozesse bedeutet Disability Mainstreaming zum Beispiel die Prüfung von Gesetzen, hinsichtlich der Relevanz und Auswirkung für behinderte Menschen und zwar bevor Gesetze in den Parlamenten beschlossen werden. Gesetzesvorhaben wie BGG und SGB IX oder die Entstehung der UN-Behindertenrechtskonvention haben vorgemacht, wie erfolgreiche Beteiligung von behinderten Menschen in der Politik aussehen kann. Aber von einem Disability Mainstreaming dieser Gestalt in allen Politikfeldern sind wir noch weit entfernt. So stellte auch die Generaldirektion V der Europäischen Kommission fest, dass Disability Mainstreaming von vielen Entscheidungsträgern noch nicht verstanden wird und deshalb bisher auch nicht angewandt wird (Europäische Kommission 2005). Es reicht deshalb nicht, wie im Aktionsplan der Bundesregierung zur Umsetzung der Behindertenrechtskonvention geschehen, fast nur alten Wein durch neue Schläuche laufen zu lassen. Nein, die Beteiligung von behinderten Menschen und die Berücksichtigung ihrer Belange müssen auf allen Ebenen und in allen Politikfeldern ohne Wenn und Aber erfolgen.

2.2. Disability Mainstreaming in Forschung und Wissenschaft

Disability Mainstreaming ist aber nicht nur für Entscheidungsprozesse auf der politischen Ebene relevant, sondern auch für wissenschaftliche Institutionen wie Hochschulen. Disability Mainstreaming in Wissenschaft und Forschung bedeutet auch hier einen Perspektivenwechsel im beschriebenen Sinne. So behinderte Menschen müssen in Forschung und Lehre gleichberechtigt beteiligt sein „und zwar als Selbstverständlichkeit und nicht nur auf besondere Anfrage oder auf besonderen Druck hin" (Grüber 2007). Die Bedürfnisse von behinderten Menschen sind zwingend in universitären Abläufen und Entscheidungsprozessen mit zu bedenken.

So müssen behinderte Menschen generell in Forschungsfragen einbezogen werden. Dies gilt nicht nur bei Fragen die ihre ureigenen Belange betreffen, wie in der Fortpflanzungsmedizin, den Bereichen Architektur, Design und vielem mehr. Disability Mainstreaming in der Forschungspolitik bedeutet, „nicht nur zu vermuten, an welcher Forschung Menschen mit Behinderungen Bedarf haben, sondern sie bei Entscheidungsprozessen über Forschungsprogramme einzubeziehen" (Grüber 2007). Wer die schwierigen Bedingungen im Bereich der Forschungsförderung kennt, weiß wie schwer hier eine Durchsetzung dieser Forderung ist. Hier müssten im Sinne eines Disability Mainstreamings bei der Forschungsförderung behinderte Menschen einbezogen werden, beispielsweise indem DFG-Forschungsanträge auf ihre Relevanz für behinderte Menschen hin untersucht werden und zwar möglichst von Betroffenen selber. Auch sollte der vielfach nachgewiesene Perspektivenunterschied zwischen behinderten und nicht behinderten Forschern im Sinne eines Disability Mainstreamings in der Wissenschaft genutzt werden.

Aber auch in der Hochschulorganisation ist die Einführung eines Disability Mainstreamings dringend notwendig. Das bedeutet hier, dass die Betroffenen an Hochschulplanung, -implementierung, -management, und -kontrolle beteiligt sein müssen. Disability Mainstreaming an der Hochschule dient dazu, zu erreichen, dass Semestergestaltung, Gebäudemanagement, Bibliotheksausstattung und -angebot, und sämtliche anderen Services inklusiv und somit nicht diskriminierend sind und nicht neue Barrieren oder andere negative Effekte produzieren.

Nicht nur die Barrierefreiheit bei Hochschulgebäuden und -angeboten ist dabei ein wichtiges Thema für Disability Mainstreaming Prozesse. Vielmehr lässt auch die Beteiligung von behinderten Menschen an hochschulinternen Gremien oft zu wünschen übrig. So gibt es nicht einmal an allen Hochschulen einen Behindertenbeauftragten. Neben einer Vertretung für die behinderten Hochschulmitarbeiter braucht es aber auch einen Ansprechpartner für die behinderten Studierenden. Diese können dann gemeinsam mit ebenfalls einzurichtenden Hochschulreferaten für behinderte Studierende als Monitoring-Stelle für die Begleitung und Kontrolle eines Mainstreaming-Prozesses agieren. Auch müssen Behindertenbeauftragte, genauso wie die Gleichstellungsbeauftragten, einen Sitz im Hochschulsenat haben und bei Fragen der Prüfungsordnung und Stellenbesetzungen von Berufungsausschüssen und Prüfungs- bzw. Zulassungsausschüssen regelmäßig angehört werden.

3. Resümee

Die UN-Behindertenrechtskonvention sieht Disability Mainstreaming als wesentlichen Bestandteil einer nachhaltigen Entwicklung in der Gesellschaft an. Disability Mainstreaming dient der Festigung und breiteren Verankerung der gleichberechtigten Teilhabe von behinderten Menschen. In diesem Sinne ist es anzustreben, dass auch an Hochschulen, Disability-Mainstreaming-Prozesse gestartet werden. Dies ist ein langer Weg, aber Disability Mainstreaming ist eine wichtiges Instrument und Konzept auf dem Weg in ein inklusives Hochschulwesen mit einer „Hochschule für Alle".

Literaturverzeichnis

Abberley, P. (1996): Work, Utopia and Impairment. In: L. Barton (Hg.) Disability & Society: Emerging issues and Insights. London: Longman.

Barnes, Colin (1991): Disabled People in Britain and Discrimination. London: Hurst and Co.

Barnes, Colin (1991): Disabled people in Britain and Discrimination: A Case for Anti-discrimination Legislation. London: Hurst and Co.

Barnes, Colin; Mercer, Geof (2010): Exploring Disability. Second Edition. Cambridge/Malden. Polity Press.

Blumer, Herbert (1973): Der methodologische Standort des symbolischen Interaktionismus. In: Arbeitsgruppe Bielefelder Soziologen (Hg.): Alltagswissen, Interaktion und gesellschaftliche Wirklichkeit, Bd. 1, Rowohlt, Reinbek.

Bortz, Jürgen; Döring, Nicola (2005): Forschungsmethoden und Evaluation für Human- und Sozialwissenschaftler. Heidelberg: Springer Medizin Verlag.

Bundschuh, Johanna (2000): Individualisierung – Disziplinierung? Der globale Trend zur Individualisierung als Verfeinerung der Foucaultschen Disziplinar- und Kontrollmacht unter besonderer Berücksichtigung von Foucaults Analysen des Subjekts. Wien: Unveröffentlichte Diplomarbeit.

Tregaskis, Claire (2004): Contructions of Disability. Researching the interface between disbaled and non-disabled people. London, New York: Routledge.

Corker, Mairian; Shakespeare, Tom (Hg.) (2002): Disability/Postmodernity: Embodying Disability Theory. London: Continuum.

Davis, Lennard (1997): Indroduction. In: Lennard Davis (Hg.): The Disability Studies Reader. London: Routledge, S. 1-6.

Davis, Lennard (2002): Bending over Backwards: Disability, Dismodernism ad Other Difficult Positions. New York/London: New York University Press.

European Commission (2005): Disability Mainstreaming in the European Employment Strategy. *EMCO/11/290605* (European Commission, Hg.), Brüssel. http://www.handicap-international.fr/bibliographie-handicap/4PolitiqueHandicap/thematique/Emploi/DisabilityMainstream.pdf.).(21.02.2012

Finkelstein, Victor (1980): Attitudes and Disabled People: issues for discussion. New York: World Rehabilitation Fund.

Foucault, Michel (1973): The Birth of the Clinic. An Archaeology of Medical Perception. London: Tavistock Publications.

Foucault, Michel (1976): Die Maschen der Macht. In: Defert, Daniel; Ewald, Francoise (Hg.) (2005): Michel Foucault Analytik der Macht. Frankfurt am Main: Suhrkamp, 220-239.

Foucault, Michel (1980): Power and Knowledge. Harvester, Brighton.

Foucault, Michel (1983): Der Wille zum Wissen, Sexualität und Wahrheit, 1. Band. Frankfurt am Main: Suhrkamp.

Foucault, Michel (1992): Leben machen und sterben lassen: Die Geburt des Rassismus. Biomacht. In: DISSTexte Nr. 25, Duisburger Institut für Sprach und Sozialforschung, Duisburg, 27-52.

Freidson, Eliot (1970): Profession of Medicine. New York: Dodd, Mead.

Garland Thomson, Rosemarie (2002): Theorizing Disability. In: Goldberg, David Theo; Quayson, Ato: Relocating Postcolonialism. Oxford, Blackwell, 231-269.

Gleichstellungspolitik im Lichte von Diversity – das Ende der Teilhabe?

Barbara Neukirchinger

Abstract

Der Text beschäftigt sich kritisch mit der Einführung von Diversity Management an deutschen Hochschulen. Dabei wird zum einen der Entstehung und Entwicklung des Konzepts nachgegangen. Zum anderen wird das Potenzial von Diversity Management vor dem Hintergrund ökonomisch geprägter Bildungsreformen der letzten Jahre sowie der nach wie vor gravierenden gesellschaftlichen Ungleichbehandlung von Menschen mit Behinderung untersucht.

Hamburg, 2009: Zwei junge Studierende sind gerade hierher gezogen, um ihr Masterstudium anzutreten. Wie viele ihrer Kommiliton_innen erhoffen sie sich in einer modernen Großstadt ideale Bedingungen, um ihr Studium fortzuführen und sich später erfolgreich auf ihr späteres Berufsleben vorbereiten zu können. Und wie es für viele Studierende selbstverständlich ist, wollen auch sie in eine eigene Wohnung ziehen, um als junge Erwachsene ein eigenständiges Leben zu führen. Allerdings mit einem entscheidenden Unterschied: da beide Studierende spinale Muskelatrophie haben, eine Behinderung mit hohem persönlichen Assistenzbedarf, hat sich das Bezirksamt Eimsbüttel quergestellt. Der Assistenzbedarf in der eigenen Wohnung wurde als zu teuer empfunden und die beiden Studierenden sollten darum in ein Pflegeheim ziehen. Ein Vorgang, der ungeheuerlich war. Mit dieser Entscheidung wurde den beiden nicht nur die Selbstbestimmung über die eigenen Wohnverhältnisse untersagt, sondern auch das Studium auf Grund der fehlenden Assistenz praktisch unmöglich gemacht. Das Bezirksamt stützte sich mit seiner Entscheidung auf § 13 Abs. 1 SGB XII, wonach eine stationäre Versorgung ausnahmsweise Vorrang hat, wenn sie als zumutbar gilt und eine ambulante Unterbringung erhebliche Mehrkosten verursachen würde. Dadurch mochte die Ablehnung zwar sozialrechtlich begründet sein, verstieß aber eklatant gegen das menschen- und grundrechtliche Antidiskriminierungsgebot. Darüber hinaus hatten mit Artikel 19 der UN-Behindertenrechtskonvention, der auch die Bundesrepublik 2009 beigetreten war, Menschen mit Behinderung zusätzlich das Recht, ihre Wohnform selbst zu wählen. Die beiden Studierenden, die sich mit dieser Entscheidung nicht abfinden wollten, sahen sich gezwungen, Klage einzureichen, um den Anspruch auf persönliche Assistenz durchzusetzen.

Dieser Fall ist aus mehreren Gründen anschaulich. Zum einen macht er im Bildungsbereich anschaulich, dass es immer noch spezifische Hindernisse für Menschen mit Behinderung gibt, die sie aus elementaren Bildungsprozessen weitgehend ausschließen. Auch die so genannte „große Bologna-Reform" an den Hochschulen, die in der offiziellen Rhetorik auch die Nutzung von Potenzialen und Chancengleichheit zum Ziel hat, konnte in dieser Hinsicht noch nicht zu einem Paradigmenwechsel beitragen. Im Gegenteil, neben den schon vorhandenen Barrieren führen die rigoroseren Anwesenheits- und Lernverpflichtungen zu einem erhöhten Leistungsdruck. Und um wieder auf obiges Beispiel zurückzukommen, gerade Hamburg hat sich in den letzten Jahren durch den massiven Umbau seiner Hochschulen im Zuge des internationalen Wettbewerbs und der angestrebten Metropolstellung der Stadt besonders hervorgetan.

Zum anderen zeigt sich aber auch, dass, abgesehen von der UN-Behindertenrechtskonvention, gleichstellungspolitische Maßnahmen wie das Allgemeine Gleichbehandlungsgesetz und das Behindertengleichstellungsgesetz in der Praxis immer noch nicht Bestand haben.

Die Idee der Wertschätzung von Diversity, zu deutsch auch Diversität oder Vielfalt, vertritt nun den Anspruch, solchen Diskriminierungen entgegenzutreten. Bei dem sich daraus ableitenden Diversity Management handelt es sich um ein Konzept, das zunächst überwigend in der Privatwirtschaft angewendet wird. In Deutschland bildet vor allem das Allgemeine Gleichbehandlungsgesetz den Ausgangspunkt für die Entwicklung. Doch was genau versteht man unter diesen Begrifflichkeiten? Da Vielfaltsmanagement im Bildungswesen noch ein relativ junger Ansatz ist, der speziell bei den Hochschulen Anwendung findet, will ich mich heute insbesondere mit der Übertragung von Diversity Management auf den Bereich Disability und Hochschule beschäftigen.

Obwohl Diversity Management in erster Linie als Managementkonzept entwickelt worden ist, kommt es ursprünglich nicht aus dem Wirtschaftsbereich. Der Gedanke der Berücksichtigung verschiedener Diversityebenen entstand in der US-amerikanischen Bürgerrechtsbewegung der 1960er Jahre. Ausgangspunkt war der Civil Rights Act von 1964, der die rechtliche Grundlage für das Verbot der Diskriminierung von Einzelpersonen auf Grund von „Race", Hautfarbe, Religion, Geschlecht und nationaler Herkunft schuf. In dieser Zeit wurden mit der *Equal Employment Opportunity Commission* und schließlich dem *Equal Employment Opportunity Act* von 1972 die Grundlagen zur Förderung der Gleichbehandlung von Minderheiten in Unternehmen ausgebaut. Weitere Gesetze zum Schutz spezieller Arbeitnehmer_innengruppen wie der *Americans with Disabilites Act* folgten. Die *Affirmative Action*-Programme in den 1970er Jahren stellten den nächsten Schritt dar. Die betreffenden Maßnahmen sollten der Diskriminierung von Minderheiten und Frauen in Unternehmen entgegenwirken. Vor allem die Benachteiligung durch weiße Männer, die die Vorherrschaft auf den Leitungsebenen von Unternehmen darstellten, galt als Ursache dafür, um eben diese Personengruppen nicht einzustellen oder deren beruflichen Aufstieg zu behindern. Vor diesem Hintergrund wurden beispielsweise gezielte Fördermaßnahmen für Arbeitnehmer_innen oder Schulungen für weiße Männer durchgeführt sowie eine Quotierung bei der Stellenbesetzung vorangetrieben.

In den achtziger Jahren entstanden Programme unter dem Label *Valuing Diversity* oder *Affirming Diversity*, aus denen sich schließlich Diversity Management bildete. Sie hatten zum Ziel, auf Unterschiede aller Mitarbeiter_innen innerhalb eines Unternehmens aufmerksam zu machen. *Valuing Diversity* (oder auch *Affirming Diversity*) sollte auf den respektvollen Umgang aller Mitarbeiter_innen untereinander hinführen. Der Grundgedanke zielte weniger auf einen Wandel gesellschaftlicher Strukturen ab, sondern sah den Abbau von Diskriminierung vor allem in der Reflexion individuellen Verhaltens.

Diversity Management stellt nun die praktische Umsetzung dar. Die bisherigen Maßnahmen und Gesetzesvorhaben waren noch stark an einer menschenrechtlichen Argumentation der allgemeinen Gleichstellung orientiert. Diversity Management versucht nun den Gedanken der Förderung von Vielfalt im Interesse von meist privatwirtschaftlichen Unternehmen und Organisationen zu nutzen, sei es, um die Idee aus strategischen Gründen besser verkaufen zu können, sei es, weil sich die Befürworter_innen davon tatsächlich betriebswirtschaftliche Innovationen erhoffen.

Als wichtige Grundlage für die „neuere Diversitybewegung" gilt die Veröffentlichung des „Workforce 2000"-Reports des Hudson Institute von 1987 im Auftrag des US-Arbeitsministeriums. Nach der darin enthaltenen Prognose würde der Anteil von weißen Männern bis zum Jahr 2000 stark zurückgehen. Stattdessen würde sich der Anteil von Frauen, Minderheiten und „Immigrant_innen" um bis zu 85 Prozent auf dem Arbeitsmarkt erhöhen. Nach der damaligen Vorstellung erschien das als eine Bedrohung, der man durch „richtiges Management" entgegentreten könnte. Im besten Fall wäre es dann möglich, Wettbewerbsvorteile zu erlangen und das Potenzial aller Mitarbeiter_innen für sich zu nutzen. Seit Veröffentlichung des „Workforce 2000"-Reports lässt sich auch eine zunehmende Verschiebung der Propagierung von Diversity Management weg von einer rein gleichstellungspolitisch begründeten Maßnahme und hin zu einer ökonomisch orientierten Argumentation beobachten.

Das Konzept erfüllt idealerweise verschiedene Funktionen. Einerseits geht es darum, „kreative Potenziale" unter bisher benachteiligten Personengruppen herauszufiltern und deren Mehrwert als Wettbewerbsvorteil gewinnbringend zu machen. Andererseits ist es auch Zweck von Diversity Management, Konflikte zwischen den Mitarbeiter_innen soweit wie möglich einzudämmen und so einen reibungslosen Arbeitsfluss herzustellen. Unternehmen, die die jeweiligen Strategien praktizieren, sehen ebenso den positiven Nebeneffekt darin, mit entsprechenden Regelungen im Vorfeld hohe Kosten durch Diskriminierungsklagen vor Gericht zu vermeiden. Globaler Wettbewerb, die zunehmende Verschiedenheit innerhalb der Belegschaft sowie eine gestiegene Individualisierung von Mitarbeiter_innen, denen gleichzeitig häufig eine mangelnde Bereitschaft zur Anpassung an die Unternehmenskultur attestiert wurde, sorgten in der Folge für die allmähliche Verbreitung von Vielfaltsmanagement.

In Deutschland wurde Diversity über zwei Wege verbreitet. Zum einen führten amerikanische Muttergesellschaften das Konzept bei deutschen Tochterunternehmen ein, z.B. bei Motorola oder Ford. Teilweise geschah der Prozess auch eigeninitiiert wie bei der Lufthansa. Zum anderen fand Diversity auch durch die Gesetzgebung Einzug in Organisationen. Abgesehen von dem bereits erwähnten Antidiskriminierungsgesetz finden sich die Grundlagen dazu beispielsweise in Artikel 3 GG, im Betriebsverfassungsgesetz und in verschiedenen Gesetzgebungsvorstößen zum Schutz von Schwerbehinderten, Schwangeren oder Arbeitnehmer_innen unter 18 Jahren. Insgesamt ist Diversity Management bei deutschen Unternehmen aber noch vergleichsweise wenig in Umlauf. Als Argumente für die Einführung spielen neben den gesetzlichen Rahmenbedingungen die Angst vor teuren Diskriminierungsklagen oder der Hinweis von Diversity-Beauftragten auf das Allgemeine Gleichstellungsgesetz eine Rolle.

Im Bereich von Hochschule und Behinderung legte das Behindertengleichstellungsgesetz des Bundes von 2002 die rechtlichen Grundlagen für das Hochschulrahmengesetz. Daran anschließend passten auch die Länder ihre Hochschulgesetze an. 2009 verabschiedete die Hochschulrektorenkonferenz die Erklärung „Eine Hochschule für Alle", die allerdings selbstverpflichtend ist und darum keine bindende Wirkung hat.

Ein wichtiger Aspekt des Diversity Managements ist es, möglichst alle relevanten Dimensionen gleichzeitig berücksichtigen zu wollen. Die verschiedenen Diversity-Dimensionen, die in der Literatur oft auch als Merkmale bezeichnet werden, können grob in sichtbare und nichtsichtbare Dimensionen unterteilt werden. Zu den sichtbaren zählen beispielsweise Alter, Hautfarbe/ethnische Herkunft, Körpergröße und Aussehen, Geschlecht und Behinderung. Zu den nichtsichtbaren Merkmalen können Eigenschaften wie Religion, sexuelle Orientierung, Bildungsgrad/sozialer Hintergrund, Einkommen, regionale Herkunft, Sprache und Dialekt, Habitus oder beruflicher Status gehören. Solche Kategorisierungen sind im Sinne von Diversity Management notwendig, um über einschlägige Benennungen eine entsprechende Sensibilisierung für die verschiedenen Formen von Diskriminierung in einer Organisation zu schaffen. Gerade diese Herangehensweise ist jedoch nicht unproblematisch, da solche Zuschreibungen die Gefahr von neuen Stereotypisierungen und Vorurteilen bergen. Unterschiede zwischen Mitarbeiter_innen sind dann scheinbar über reines Faktenwissen nachvollziehbar. Die Verwobenheit und Komplexität verschiedener Diskriminierungsaspekte, in der Forschung auch als Intersektionalität bekannt, wird so nur unzureichend transparent gemacht. Je nach Interessenlage kann Diversität im Sinne einer Kosten-Nutzen-Rechnung als Problem wahrgenommen oder zum Nutzen des Unternehmens instrumentalisiert werden.

„Potenzialentwicklung zum organisationalen Nutzen der Hochschule" ist auch eines der Stichworte, unter denen Diversity an den Unis gehandelt wird. Diversity Management schwappt allmählich aus dem privatwirtschaftlichen Bereich in öffentliche Einrichtungen wie die Universitäten herüber. Dabei ist es nicht unproblematisch, solche Konzepte eins zu eins mit den Abläufen aus der Wirtschaft gleichzusetzen, da Hochschulen nach wie vor als öffentliche Einrichtungen dem Gemeinwohl verpflichtet sind. Allerdings ist es im Zuge der zunehmenden Ökonomisierung im Bildungsbereich in den vorangegangen Jahre natürlich kein Zufall, dass Managementstrategien zunehmend Einzug in universitäre Strukturen erhalten. Angestoßen durch die so genannte Bologna-Reform in den 2000er Jahren ist es seither ein Bestreben in der Bildungspolitik, Prinzipien der Unternehmensführung im Hochschulbereich zu verankern. Die Unternehmensberatung McKinsey beispielsweise, die 2002 sogar eigens einen Bildungskongress ausrichtete, forderte „die behutsame Einführung von Wettbewerb unter den Hochschulen sowie ihre Steuerung durch den Markt". Die Unternehmensberatung war 2002 ebenfalls an der so genannten Dohnanyi-Kommission beteiligt, die im Auftrag der Stadt Hamburg Strukturvorschläge für die Hamburger Hochschulen erarbeitete. Im Mittelpunkt der Vorschläge von McKinsey stand dabei die Bildung von Clustern, womit ökonomische Netze von Unternehmen und darauf ausgerichteten Hochschulen gemeint waren.

Dass eine derartige Entwicklung angesichts der Tendenz der letzten Jahre unter dem Zeichen von Diversity weitergeht, erscheint somit nur folgerichtig. Beispielhaft für die forcierte Verquickung von Wirtschaft und Wissenschaft ist die Initiative „Charta der Vielfalt", die 2006 von mehreren Firmen ins Leben gerufen wurde. Sie ist ein Vorstoß, um auch in Zeiten gesellschaftlicher Veränderung wirtschaftliches Wachstum in der Bundesrepublik zu sichern. Bis heute haben neben zahlreichen Vertreter_innen aus der Wirtschaft diverse öffentliche Einrichtungen sowie mehrere Hochschulen die Charta unterzeichnet, die auch von der Bundesregierung unterstützt wird.

Der erste Absatz macht bereits unmissverständlich klar, dass Diversity bei allem Plädoyer für die Wertschätzung von Vielfalt durchaus handfesten Interessen dient:

„Die Vielfalt der modernen Gesellschaft, beeinflusst durch die Globalisierung und den demografischen Wandel, prägt das Wirtschaftsleben in Deutschland. Wir können wirtschaftlich nur erfolgreich sein, wenn wir die vorhandene Vielfalt erkennen und nutzen. Das betrifft die Vielfalt in unserer Belegschaft und die vielfältigen Bedürfnisse unserer Kundinnen und Kunden sowie unserer Geschäftspartner. Die Vielfalt der Mitarbeiterinnen und Mitarbeiter mit ihren unterschiedlichen Fähigkeiten und Talenten eröffnet Chancen für innovative und kreative Lösungen." [18]

Doch was bedeutet das nun für die Gleichstellungspolitik an den Hochschulen und speziell für Menschen mit Behinderung?

Wie oben erwähnt, nehmen sich immer mehr Hochschulen der Idee des Affirming Diversity beziehungsweise des Diversity Managements an. Mit der Rheinisch-Westfälischen Technischen Hochschule Aachen (RWTH), die in dieser Hinsicht zu den Vorreiter_innen zählt, ist dabei sogar eine der Exzellenzunis vertreten. Da sich die Strategie im akademischen Bereich aber derzeit im Anfangsstadium befindet, ist noch unklar, welche konkreten Auswirkungen sich in der Praxis ergeben. Bisher spielte Diversity für die Exzellenzinitiative noch keine große Rolle. Der Erfolg der RWTH Aachen legt aber die Vermutung nahe, dass sich weitere Unis um Diversity-Programme bemühen, um im Förderungswettbewerb positiv herauszuragen. Aktuelle Beispiele wie die Brandenburgische Technische Universität Cottbus, die Universität Duisburg-Essen oder die Hochschule Bremen zeigen jedenfalls, dass es sich unter den Hochschulen wachsender Beliebtheit erfreut, sich mit dem Accessoire Diversity ein modernes Image zu geben. Schließlich signalisiert es Aufgeschlossenheit, Internationalität, Innovation und Wettbewerbsfähigkeit.

Grundsätzlich bedeutet Diversity in der Übersetzung Vielfalt und Diversität. Es ist jedoch ein typisches Kennzeichen von Diversity Management, dass es nur grobe inhaltliche Vorgaben gibt, um den jeweiligen Einrichtungen bewusst Freiraum in der individuellen Ausgestaltung zu lassen. Als Beispiel seien einmal die RWTH Aachen und die Universität Lüneburg nebeneinander gestellt. Beide Einrichtungen bleiben in ihrer Beschreibung von Diversity noch sehr allgemein. Die RWTH etwa definiert den Begriff wie folgt: *„Diversity mit einem kleinen 'd' steht aus dem Englischen übersetzt für Vielfalt. Diversity mit einem großen 'D' bedeutet der bewusste Umgang mit eben jener Vielfalt in der Gesellschaft. Diversity als*

---

18 http://www.charta-der-vielfalt.de/de/charta-der-vielfalt/die-charta-im-wortlaut.html
(28.02.2012).

Handlungsansatz meint das Anerkennen und Wertschätzen von Unterschieden und Gemeinsamkeiten zwischen unterschiedlichen Personengruppen.[19]

Ähnlich beschreibt es auch die Universität Lüneburg auf ihrem Gender-Diversity Portal: *„Unter dem Begriff Diversity wird die Vielfalt und Heterogenität von Menschen und Gruppen verstanden. Diversity beschreibt Gemeinsamkeiten und Unterschiede zwischen Menschen und beinhaltet sowohl Akzeptanz als auch Respekt gegenüber der Individualität jeder einzelnen Person.*[20]

Dass die Auffassungen von Diversity unterschiedlicher sind, wenn es um konkrete Handlungsanweisungen geht, zeigt der Begriff Diversity Management:

„Das Ziel von Diversity Management ist die Förderung der Wahrnehmung und Anerkennung von Unterschieden und Gemeinsamkeiten, die Sensibilisierung für Ungleichbehandlungen und Wertschätzung jeglicher Differenz in allen Lebenslagen.[21]

Während die RWTH noch recht vage bleibt, macht die Uni Lüneburg schon sehr deutlich, was sie sich unter Diversitätsmanagement in der Praxis vorstellt: *„Diversity Management ist die Fähigkeit bzw. Kompetenz eines Unternehmens die Unterschiede und Gemeinsamkeiten seiner Mitarbeiterinnen und Mitarbeiter wahrzunehmen, zu koordinieren und effektiv zu nutzen.*[22]

Derzeit ist unklar, wie sehr sich Disability als eigene Diversity-Dimension im Implementierungsprozess von Vielfaltsmanagement durchsetzen wird. Gegenwärtig herrscht noch die Tendenz vor, aus Gleichstellungsbeauftragten Diversity-Beauftragte zu machen und Gender Mainstreaming- beziehungsweise Gleichstellungsmaßnahmen unter neuem Namen weiterlaufen zu lassen. Ein positiver Aspekt an Diversity Management ist jedoch, dass die Perspektive auf Disability nicht mehr defizitorientiert ist und die individuellen Möglichkeiten im Vordergrund stehen. Allerdings bleiben solche affirmativen Ansätze stets ambivalent, da letzten Endes die Ökonomisierung im Bildungsbereich immer auch den Rahmen mitbestimmt, in dem Diversity stattfindet.

Wenn man über Chancengerechtigkeit an den Universitäten spricht, muss man sich eigentlich viel grundsätzlicher darüber Gedanken machen, wie es überhaupt mit dem Zugang für Menschen mit Behinderung zu einer akademischen Ausbildung aussieht. Denn für diese Gruppe ist es insgesamt immer noch schwierig, überhaupt an einer allgemeinen Regelschule am Unterricht teilzunehmen. Dies trifft umso mehr zu, wenn es sich um Kinder mit einer schweren oder mehrfachen

---

19 FAQ Gender und Diversity der RWTH Aachen, http://www.igad.rwth-aachen.de/faq. htm#D (28.02.2012).

20 http://www.leuphana.de/gender-diversity-portal/diversity.html, Stand: 28.02.2012.

21 http://www.igad.rwth-aachen.de/faq.htm#D (28.02.2012).

22 http://www.leuphana.de/gender-diversity-portal/diversity/diversity-management.html (28.02.2012).

Behinderung handelt. Es geht dabei nicht nur um die zahlenmäßige Teilnahme, sondern auch darum, welche Inhalte vermittelt werden und welche didaktischen Methoden es dafür gibt. Nach wie vor fehlen wirksame methodisch-didaktische Konzepte, mit denen an einer inklusiven Einrichtung heterogene Klassen aus nichtbehinderten und unterschiedlich schweren oder mehrfach behinderten Kindern gemeinsam unterrichtet werden können. Für Lehrer_innen stellt gemeinsamer Unterricht unter den gegenwärtigen Verhältnissen immer noch eine große Herausforderung dar. Gemeinsamer Unterricht findet umso seltener statt, je schwerer die kognitiven Beeinträchtigungen sind und je komplexer die zu vermittelnden Lerninhalte. Gerade der Übergang von der Grundschule auf weiterführende Schulen stellt für Kinder mit Behinderung meistens eine kaum überwindbare Hürde dar. Nordrhein-Westfalen ist in diesem Zusammenhang ein einschlägiges Beispiel. Während im Schuljahr 2008/2009 21,1 Prozent noch eine integrative Grundschule besuchten, waren nur noch 9,4 Prozent zusammen auf der Sekundarstufe I mit nichtbehinderten Kindern.

Als eine der Hauptursachen für diesen Zustand wird vor allem der fehlende politische Wille ausgemacht, inklusives und gemeinsames Lernen auch konsequent umzusetzen. Ein anderer wesentlicher Grund ist ein mangelndes integratives oder inklusives Menschenbild, das immer noch im Bildungssystem vorherrscht und Barrieren aufrecht erhält. Menschen mit Behinderung werden überwiegend als defizitär wahrgenommen, als Menschen, die von der Norm abweichen. Vor allem offensichtliche Beeinträchtigungen, fehlende Kompetenzen und der davon abhängige Unterstützungsbedarf stehen bei diesen Sichtweisen im Mittelpunkt. Die These, dass die Dominanz von defizitären Einstellungen in der schulischen Bildung Exklusion fördert, ist dann natürlich naheliegend. Im Vergleich zu den sechziger Jahren werden Menschen gerade mit schwerer oder mehrfacher Behinderung zwar nicht mehr als „bildungsunfähig" bezeichnet. In dieser Hinsicht hat es einige positive Veränderungen gegeben. Gesetzlich wird der Besuch von Schüler_innen mit einer Beeinträchtigung mittlerweile nicht mehr auf Förderschulen beschränkt. Allerdings macht eine Gesamtintegrationsquote von 18,4 Prozent aller Kinder und Jugendlichen mit Behinderung durchaus deutlich, dass noch großer Handlungsbedarf für Bildungsreformen hin zu einer Bildung für alle besteht.

Diversity Management gilt nun als eines der Instrumente, das soziale Ungleichheiten im akademischen Umfeld zumindest ausgleichen soll. Viele Befürworter_innen dieses Ansatzes heben besonders die Uneindeutigkeit des Diversity-Begriffs positiv hervor. Schließlich bleiben dadurch Gestaltungsmöglichkeiten an Hochschulen offen, so dass der Idee nach Diversity Management individuell an die jeweiligen örtlichen Gegebenheiten angepasst werden kann. Das führt bei aller Offenheit jedoch auch dazu, dass das Engagement bei der Umsetzung stark von den vor Ort agierenden Personen abhängig ist. Was uns wieder zu unserem Eingangsbeispiel zurückführt. Während die beiden Studierenden an ihrem vorherigen Studienort Marburg vergleichsweise barrierefrei studieren konnten, waren sie in Hamburg mit unerwarteten Problemen konfrontiert. Und dabei handelt es sich bei Wohnen und persönlicher Assistenz um Fragen, für die die Hochschulen zwar an sich nicht zuständig sind, die aber trotzdem für einen reibungslosen Zugang zum Studium von großer Bedeutung sind. Daran wird deutlich, wie komplex und miteinander zusammenhängend die Probleme für Menschen mit Behinderung im Alltag sind. Denn in der Regel ist es nicht ein spezielles Problem, das die individuelle Situation erschwert, sondern deren Anhäufung. Allein der Einstieg in das Studium ist für die meisten Studierenden mit oder ohne Behinderung schon eine Herausforderung. Zusätzlich kommen noch solche Hemmnisse wie die Verteilung von Fächern über das Stadtgebiet, eine ungenügende barrierefreie Zugänglichkeit von Gebäuden oder auch ein mangelndes Blindenleitsystem für Sehbehinderte hinzu. Grundsätzlich übt das wesentlich kompaktere Bachelor-/Master-Studium mehr Leistungsdruck und mehr Stress auf Studierende aus, was im Fall von Behinderung und chronischer Erkrankung zum Beispiel viel weniger Zeit für Arzttermine lässt. Somit hängt die Umsetzung von Diversity-Strategien nicht allein vom Engagement vor Ort ab. Diversity Management strebt außerdem an, möglichst alle bekannten Diversity-Dimensionen gleichwertig zu berücksichtigen. Dadurch droht immer wieder unterzugehen, dass Kategorien wie eben Disability mit speziellen Problemen konfrontiert sind, die eine ganz andere Beachtung erfordern. Persönliche Erfahrungen mit bestimmten Formen von Diskriminierungen stehen dann im Widerspruch zum universellen Anspruch von Diversity Management.

Hier wird eine der Schwachstellen von Diversity Management sichtbar. Denn wenn unabhängig von spezifischen Barrieren zusätzlich noch der Goodwill einzelner Akteur_innen ausschlaggebend ist sowie die Frage, ob und welche Schwerpunkte gesetzt werden beziehungsweise welche Handlungsspielräume möglich sind oder welche Ressourcen gerade zur Verfügung stehen, drohen positive Effekte von Diversity Management willkürlich und nur punktuell wirksam zu werden. An den strukturellen Rahmenbedingungen, die immer wieder zu Ausschlüssen führen, wird so kaum etwas geändert. Diversity Management ist mehr ein personalpolitisches Handlungsinstrument als ein theoretisch fundierter Ansatz, der an die Ursachen von sozialen Barrieren geht. Da das Konzept eher auf individuelle Verhaltensweisen ausgerichtet ist, ändert es kaum etwas an den realen Macht- und Hierarchieverhältnissen, die zu den vorherrschenden Ausschlüssen von Menschen mit Behinderung im Bildungssystem führen. Was auf Grund der Absicht, die dem Vielfaltsmanagement ursprünglich intendiert ist, auch nicht überraschend ist. Diversity Management diente zuallererst der Befriedung von Konflikten sowie idealerweise der Ausschöpfung des kreativen Potentials für den eigenen Wettbewerbsvorteil, den sich Wirtschaftsorganisationen von einer vielfältig zusammengesetzten

Belegschaft erhofften. Ob Diversity Management selbst das Potential hat, das Old-Boys-Netzwerk und die Förderung von Stellenbesetzungen nach dem Ähnlichkeitsprinzip an den Hochschulen zu durchbrechen, was bisher schon die akademischen Karrieren von Frauen weitgehend blockiert hat, wird sich erst noch zeigen müssen.

Ein anderer Knackpunkt für die Übersetzung von Diversity Management in den akademischen Kontext ist das Top-Down-Prinzip, nach dem entsprechende Maßnahmen in der Regel in Unternehmen angewandt werden. Der Grad der Verankerung ist immer auch vom Engagement der beteiligten Akteur_innen abhängig. Anders als in kommerziellen Organisationen spielt die Autonomie der Fakultäten beispielsweise noch eine große Rolle. Diversity Management kann somit nicht von Leitungsebene verordnet werden, sondern muss in wesentlich differenzierteren Kommunikationsprozessen vermittelt werden. Denn dass es nicht bei allen Beteiligten auf Gegenliebe stößt, wenn Befürworter_innen versuchen, den erhofften kreativen Gewinn mit einem marktwirtschaftlichen Jargon wie „Mehrwert" zu verkaufen, ist nach den Erfahrungen mit den Umbau- und Kürzungsmaßnahmen im Zuge der Bologna-Reform nicht verwunderlich.

Diversity Management ist ein Konzept, dass sich unter anderem auch durch seinen großen Pragmatismus kennzeichnet. Es versucht, so genannte Chancengerechtigkeit und Potenzialentfaltung, die Förderung von erhofftem kreativen und innovativen Mehrwert für die Wissenschaft unter Berücksichtigung der vorhandenen Ressourcen unter einen Hut zu bringen. Die angestrebten Diversity-Maßnahmen sollen dadurch funktionsfähig sein und sich alltagstauglich anwenden lassen. Das ist zwar angesichts der teilweisen Unterfinanzierung der Hochschulen und der Abhängigkeit von Drittmittelfinanzierung nachvollziehbar, verdeutlicht aber auch ein Dilemma der gegenwärtigen Bildungspolitik. Kann schließlich ein uneingeschränkter Zugang zum allgemeinen Bildungssystem für alle mit dem Argument der Ressourcenknappheit aufgewogen werden? Wenn, wie es die auch in Deutschland ratifizierte UN-Behindertenrechtskonvention nahe legt, Bildung ein Menschenrecht ist, müsste es doch die vordringlichste Aufgabe sein, dieses Recht unabhängig von vermeintlichen Mehrkosten umzusetzen. Mit dem Verweis auf die vorhandenen Ressourcen, sei es in finanzieller, organisatorischer oder personeller Hinsicht, wird jedoch quasi die Beweislast umgedreht. Diversity Management trägt letzten Endes nicht zur proklamierten Chancengleichheit bei, sondern stellt tatsächlich die Teilhabe an Bildung unter den Prüfstein, ob sie gewinnbringend zum wissenschaftlichen Wettbewerb beiträgt oder inwieweit die zur Verfügung stehenden Mittel belastet werden. Das Zentrum für Disability Studies selbst finanziert sich etwa über EU-Mittel und nicht über die Uni Hamburg.

Abschließend bleibt zu konstatieren, dass zwar die Sensibilisierung für Diversity sowie die Einführung von Diversity Management als Handlungsinstrument durchaus die Möglichkeit für punktuelle Verbesserungen bringen. Allerdings bleibt Diversity Management immer bei den Veränderungen auf einer individuellen beziehungsweise persönlichen Ebene stehen. Gesellschaftliche oder politische Voraussetzungen werden höchstens marginal angetastet. Wie der Einblick in den Bereich vom Zugang zu Allgemeinen Schulen gezeigt hat, scheitert Inklusion bereits an den politisch-strukturellen und pädagogischen Rahmenbedingungen im schulischen Bereich. Wenn es um wirkliche Veränderungen für Menschen mit Behinderung gehen soll, muss viel stärker bei systemisch-strukturellen Problemen angesetzt werden. Dafür greifen Diversity und Diversity Management bei allen guten Absichten aber leider zu kurz.

Literaturverzeichnis

Autonom Leben Hamburg (2012): Hamburg – Tor zur Welt – für Behinderte nur Tor zum Pflegeheim?: http://www.autonomleben.de/info_hh.html (11.08.2012).

Burghardt, Madeline (2011): The Human Bottom of Non-Human Things: on Critical Theory and its Contributions to Critical Disability Studies, in: Critical Disability Discourse, Volume 3: http://pi.library.yorku.ca/ojs/index.php/cdd/article/viewPDFInterstitial/31560/31234 (28.02.2012).

De los Reyes, Paulina (2000): Diversity at Work: Paradoxes, Possibilities and Problems in the Swedish Discourse on Diversity. In: Economic and Industrial Democracy, Volume 21. London, 253-266.

Herz, Birgit (2010): „Inclusive Education". Desiderata in der deutschen Fachdiskussion. In: Schwohl, Joachim; Sturm, Tanja: Inklusion als Herausforderung schulischer Entwicklung: Widersprüche und Perspektiven eines erziehungswissenschaftlichen Diskurses. Bielefeld, 29-44.

Kluge, Jürgen; Killius, Nelson; McKinsey (2012): „Wieder an die Spitze!", In: Bildung!, 1/2002: www.textransfer.de/PDF/s82s85.pdf (11.08.2012).

Krell, Gertraude; Riedmüller, Barbara; Sieben, Barbara; Vinz, Dagmar (Hg.) (2007): Diversity Studies. Grundlagen und disziplinäre Ansätze. Frankfurt am Main/New York.

Kubisch, Sonja (2003): Wenn Unterschiede keinen Unterschied machen dürfen – eine kritische Betrachtung von „Managing Diversity", In: Quer denken, lesen, schreiben: Gender-/Geschlechterfragen Update 07/03, Herausgegeben vom Frauenrat und der Frauenbeauftragten der Alice-Salomon-Fachhochschule, 4-10.

Kutter, Kaija (12.10.2002): „Wir sind alle nervös". In: Onlineausgabe der „Tageszeitung" („taz"): http://www.taz.de/1/archiv/archiv/?dig=2002/10/12/a0293 (11.08.2012).

Lamers, Wolfgang; Heinen, Norbert (2011): Bildung für alle – Menschen mit schwerer und mehrfacher Behinderung im Spannungsfeld von Inklusion und Exklusion. In: Fröhlich, Andreas; Heinen, Norbert; Klauß, Theo; Lamers, Wolfgang (Hg.): Schwere und mehrfache Behinderung – interdisziplinär. Oberhausen, 317-344.

Lindau, Anja (2010): Verhandelte Vielfalt. Die Konstruktion von Diversity in Organisationen. Wiesbaden.

Waldschmidt, Anne (2012); Selbstbestimmung als Konstruktion. Alltagstheorien behinderter Frauen und Männer, 2. korrigierte Auflage. Wiesbaden.

Queere Kritik zu Diversity und Gleichstellung – und was sich sonst ändern muss

AG Queer Studies

Mit ‚Die Hoffnung stirbt zuletzt' können wir die Bemühungen zusammenfassen, an der Universität Hamburg größere Barrierefreiheit, diskriminierungsfreie Sprache und ein Lehrangebot bereitzustellen, das nicht nur den Mainstream affirmiert, sondern ihn kritisch hinterfragt und auch Themen der Gender und Queer Studies behandelt. Was wünschen wir uns von einer zukünftigen Gesellschaft und Universität? Eine Szene könnte folgende sein:

Die Mitarbeiter_innen des Zentrums für Disability Studies (ZeDiS) und die Leute aus der AG Queer Studies sitzen zusammen in einem Raum im *Lehrhaus für Alle* (LfA) und wir sehen gemeinsam einen Film an und diskutieren diesen. Denn es wird Deutsche Gebärdensprache (DGS) angeboten, der Raum verfügt über eine Induktionsschleife und mit Hilfe von Audio-Deskription und Untertiteln können wir den Film alle sehen, lesen und hören. Warum das ein großer Traum ist? Ganz einfach: Es ist momentan noch nicht möglich! Dies liegt an den vielen Barrieren, vor denen einige von uns tagtäglich stehen.

Der Abbau von Barrieren beginnt mit der radikalen Hinterfragung des Normalen als Setzung in unserer Gesellschaft. Das Normative schafft Ausgrenzungen auf vielen Ebenen: die bauliche Gestaltung und Strukturen des ‚öffentlichen Raums', die Möglichkeiten der Kommunikation und des sich Verständigens, aber auch die Wahrung der eigenen Integrität und das Recht auf Unversehrtheit.

Die AG Queer Studies arbeitet seit einiger Zeit in gemeinsamen Projekten mit dem ZeDiS zusammen, denn in gewisser Hinsicht sind wir uns sehr nahe, auch wenn die beteiligten Leute sehr unterschiedlich positioniert und de/privilegiert sind. Was uns eint, ist der Kampf gegen die ausgrenzende, diskriminierende und zu_recht_weisende Grundeinstellung unserer Gesellschaft und deren Gewalt gegen alles, was normativen Ansprüchen nicht entsprechen kann oder will. Ableismus (die Norm der körperlichen und geistigen Gesundheit), Sexismus, Rassismus, Klassismus, Zwang zur Zweigeschlechtlichkeit, Queer-, Homo- und Transphobie[23] sind machtvolle Kategorien, die soziale Ungleichheiten und gewaltvolle Fakten schaffen. Dagegen gilt es immer und überall vorzugehen, aber nicht mit allen Mit-

---

23 Wir verwenden Queer-, Homo- und Trans*phobie* im Sinne einer starken, mitunter gewaltvollen Abneigung (Aversion), die auf heterosexistischen Strukturen beruht, wenden uns also gegen eine als naturalisierend und pathologisierend (und damit ableistisch) zu kritisierende Bedeutung des Begriffes.

teln, denn bestimmte Konzepte sind nicht geeignet, diese normative Grundeinstellung der Gesellschaft anzugehen.

Lässt sich Vielfalt managen? Als AG Queer Studies stoßen wir uns sehr an Diversity Management als marktwirtschaftlich orientierten Umgang mit Vielfalt und Differenz und halten sowohl die Ausgangspunkte als auch die meisten Programme unter diesem Etikett für falsch. Kurz und gut: Diese sind nicht dazu angetan, die strukturelle sowie alltägliche Diskriminierung und soziale Ungleichheit grundsätzlich anzugreifen. Wir müssen aber zur Kenntnis nehmen, dass Diversity Management dabei ist, hegemonial zu werden, also sich als Strategie gesellschaftlich durchsetzt.

Auf die problematischen Aspekte des Diversity Managements und eine queere Kritik daran gehen wir im ersten Teil des Textes ausführlich ein. Daran anschließend stellen wir unser Verständnis von Intersektionalität und den damit verbundenen herrschaftskritischen Umgang mit Differenz vor. Soziale Ungleichheit und Privilegien rücken dabei wieder ins Zentrum der Analyse und werden im letzten Teil zum Ausgangspunkt für die Formulierung unserer Utopie und der inhaltlichen Füllung einer Praxis eines *Lehr- oder Lernhauses für Alle*. Der Text ist angetrieben von einer Hoffnung auf eine bessere Universität, für die das *LfA*-Modell stehen soll, und von der Überzeugung, dass Empowerment ohne Gesellschaftskritik nicht zu denken ist. Da Diversity Management den Rahmen bildet, in dem Ermächtigungspolitiken momentan stattfinden können, setzen wir uns zunächst mit diesen Politiken und ihrer Entstehung auseinander.

Diversity Management

Diversity ist in den vergangenen Jahren zu einem wichtigen Stichwort an deutschen Universitäten geworden. Neben seinem Gebrauch in den Diskussionen der Erziehungswissenschaften und der Sozialen Arbeit als *Managing Diversity* taucht der Begriff auch in Form von Diversity-Initiativen in der universitären Organisationsentwicklung auf (Lembke 2012: 46f). In diesem Zusammenhang übernimmt sie ein Konzept aus den Wirtschaftswissenschaften. Diversity Management ist eine betriebswirtschaftliche Strategie, die Ressourcen der Beschäftigten zu nutzen. Statt von einer homogenen Beschäftigtenstruktur auszugehen, sollen die Vorteile der Heterogenität gesehen und bestehende Nachteile minimiert werden, um ein optimales Ergebnis zu erzielen (Vedder 2006: 12f).

Dem eigenen Anspruch nach stehen hierbei zunächst alle Subjektpositionen gleichberechtigt zueinander. Auch ist ihre Identität dabei nicht starr, sondern kann sich verändern. Allerdings werden Differenzen meist als individuelle Merkmale beschrieben und nicht als soziale Ungleichheiten (Amstutz 2010: 15ff). Diversity

Management soll die Arbeitszufriedenheit und Kreativität der Beschäftigten erhöhen und damit nicht nur für die Organisation, sondern auch für das Personal einen Vorteil darstellen (Wetterer 2003: 7f).

Das in den 1990er Jahren in den USA entstandene Organisations- und Personalentwicklungskonzept ist kein einheitlicher Ansatz, auch wenn dies gegenwärtig den Anschein hat. Begründungslinien gehen sowohl auf die US-amerikanische Frauenrechts- als auch auf die Bürgerrechtsbewegung der 1960er Jahre zurück (Schenk 2008: 159). Es lassen sich mindestens drei Diversity-Ansätze unterscheiden: Der vorwiegend in den USA vertretene *Diskriminierungs- und Fairness-Ansatz* bezieht sich auch auf die Tradition der „affirmative action", deren Ziel es ist, aktiv gegen die Geschichte von Diskriminierungen in den USA zu wirken (Fullinwider 2011; Wagner 1999: 19). Chancengleichheit wird hier als Gebot der Gerechtigkeit begriffen (Schenk 2008: 159). Der *Access and Legitimacy-Ansatz* orientiert sich an Wettbewerbsvorteilen im Hinblick auf die Diversitäten der Absatz- und Arbeitsmärkte. Ziel ist es mit Hilfe der Diversity-Ressourcen der Mitarbeiter_innen gewinnbringend an unterschiedlichen Märkten zu partizipieren (Wagner 1999: 19). Der *integrative Ansatz* basiert auf der Vorstellung des ‚Lernens von der Vielfalt'. Die Unterschiede zwischen den Mitarbeiter_innen werden als Ressourcen betrachtet, die sowohl der innerbetrieblichen Struktur als auch in ökonomischer Hinsicht dem Unternehmen zuträglich sind (ebd.).

Gemeinsam ist den gegenwärtig in der BRD aufstrebenden Diversity-Ansätzen jedoch, dass personale Vielfalt und die Abweichungen von der Norm innerhalb von Organisationen und Betrieben als Ressourcen aufgefasst werden, um die wirtschaftlichen Erfolge zu erhöhen. Das bedeutet zum Beispiel, dass Unternehmen ihre Einstellungspraxis und Kultur nicht mehr einseitig auf Heterosexuelle ausrichten. Homosexuelle Mitarbeiter_innen sollen ebenfalls Anerkennung erfahren, um ihre Potenziale nutzen zu können. Welche Potenziale das sein sollen, wird von Diversity-Konzepten in der Regel offen gelassen. Wir gehen aber davon aus, dass hier bestimmte identitäre Zuschreibungen eine zentrale Rolle spielen und zum Beispiel angenommen wird, dass schwule Männer per se besonders flexibel, kreativ und innovativ seien. Nicht zufällig tauchen in den letzten Jahren immer häufiger Konzerne als Sponsoren auf den Christopher-Street-Day-Paraden auf. Mit der Erhöhung des Frauenanteils in den Führungsetagen von Unternehmen ist die Erwartung verbunden, dass diese ihre ‚weiblichen' Kompetenzen in Form von ‚social' oder ‚soft skills' einbringen.

Häufig formulierte Ziele von Diversity Management sind: eine höhere Bindung der Beschäftigten an das Unternehmen, die symbolische Aussagekraft der vielfältigen Belegschaft für die Anwerbung von Kund_innen zu nutzen, Krankmeldungen und Kündigungen zu verringern und die Zufriedenheit am Arbeitsplatz sicherzustellen (Schenk 2008: 160). Im Kern von Diversity-Konzepten liegt damit immer eine starke Konzentration auf neoliberale Ansätze der Personalführung: Durch die Stärkung individueller Freiheit*[24] soll der Nutzen für die Organisation optimiert werden. In diesem Sinne ist Diversity Management eine Führungsaufgabe geworden (Vedder 2006: 12). Doch auch wenn es wünschenswert ist, dass sich Führungskräfte mit Diskriminierung beschäftigen, ist die Bevorzugung des *business case*, also des wirtschaftlichen Vorteils, vorprogrammiert, wenn die Definitionsmacht über die Ziele des Diversity Managements in der oberen Hierarchieebene angesiedelt ist. Diese Ziele mögen für einige verlockend wirken und deswegen verwundert es nicht, dass Diversity Management auch in Universitäten zum Einsatz kommen soll oder bereits präsent ist.

Unser Ziel ist es, den Diversity-Ansatz im universitären Kontext und die positiven Bezüge auf ‚vielfältige Identitäten' einer kritischen Reflexion zu unterziehen. Diversity-Konzepte laufen Gefahr, von einem Raum auszugehen, der im Grunde so bleiben soll, wie er ist, aber etwas bunter gemacht werden soll – während die strukturellen Ungleichheiten nicht angegangen werden. Wir müssen also grundsätzlicher die Universität als einen neoliberal geprägten Raum befragen, der Machtverhältnisse immer mehr ent-nennt und lieber klug ‚managen' will. Aus einer queeren Perspektive und vor diesem Hintergrund wirkt das ‚von oben' verordnete oder aufgezwungene Begehren nach Vielfalt äußerst verdächtig!

Queere Kritik an normativen Identitätskonstruktionen

Ein zentraler Kritikpunkt liegt für uns im Umgang von Diversity-Ansätzen mit Identitäten und deren Vielfalt. Daran werden u.E. auch die größten Unterschiede zwischen den jeweiligen politischen Strategien und Praxen sichtbar. Schließlich ist *queer* eine politische Bewegung, die gegen Normativität und soziale Ungleichheiten kämpft und damit die Vereinnahmung durch ein Management-Konzept also besonders schmerzlich – wenn *queer* zum Beispiel ganz locker flockig als Unterpunkt von Diversity geführt wird. Denn die Gründe, die zur Entstehung der Bewegung beigetragen haben, sind zu unterschiedlich und politisch zu relevant, um sich unter dem Label Diversity Management gut aufgehoben fühlen zu können.
Die queeren Theorieansätze und Praxen haben ihre Wurzeln im US-amerikanischen *Queer Movement* der 1980er. Neben anderen Konflikten spielte eine besondere Rolle, dass sich viele Personen durch die immer stärker institutionalisierte und Identitäten festschreibende Schwulen- und Lesbenbewegung nicht mehr ver-

---

24 Wir markieren die Begriffe ‚Freiheit' und ‚offen' im Folgenden mit Sternchen, bis wir sie inhaltlich in unserem Sinne gefüllt haben. An anderen Stellen stehen Sternchen dafür, dass es unterschiedliche Möglichkeiten gibt, die Begriffe zu füllen, z. B. kann ‚trans*' für transsexuell, transgender oder anderes stehen.

treten fühlten. Das Bedürfnis nach Kritik und Entnormalisierung dieser Festschrei-
bungen wuchs: unter ihnen Queers Of Color, AIDS-Aktivist_innen, Drags, interse-
xuelle Personen, Lesben, Schwule und Trans*personen (Woltersdorff 2003: 914ff;
Haritaworn 2005). In den späten 1980er Jahren in den USA und ab den 1990er
Jahren auch in der BRD fand diese identitätskritische Bewegung ihren Ausdruck
(vgl. Heidel/Micheler/Tuider 2001). Wichtig war dabei die Abgrenzung zu einer
homogenisierenden Darstellung nicht-heterosexueller Lebensformen, in denen
stillschweigend ihre weißen, mittelständischen männlichen Vertreter erneut zur
Norm wurden (Woltersdorff 2003: 914). Aus queerer Perspektive wird Identität als
fließendes, nicht fixes Gebilde verstanden, das performativ und diskursiv herge-
stellt wird. Das bedeutet ausdrücklich nicht, dass ‚Identität' beliebig und nach
eigenem Ermessen frei wählbar wäre. Vielmehr ist der Prozess der Herstellung
von Identität abhängig von Anderen, von dem, was nicht-identisch ist und dabei
gleichzeitig bestimmt durch gewaltvolle und normative Zuschreibungen. Leerstellen und Brüche in Identitätskonzepten Einzelner lassen sich in eine heteronorma-
tive Logik nur schwer integrieren. Es kommt zu Ausschlüssen und Unsichtbarma-
chungen von marginalisierten Subjekten. Der positive Bezug auf Identitätspolitiken
ist somit aus einer queeren Perspektive gleich in mehrfacher Hinsicht schwierig
(Butler 1995: 315).

Während queere Ansätze die Kritik an normativen Identitätspolitiken und
Gleichmacherei zum Ziel haben, basiert Diversity Management hingegen in weiten
Teilen auf identitären Positionen (Bendl/Fleischmann/Walenta 2008). Es geht
queeren Ansätzen nicht um eine abstrakte Negation von Identitätspolitik, sondern
um konkrete Kritik existierender Identitätspolitiken in ihrem jeweiligen Kontext (vgl.
Butler 1995: 113). Wir wollen hier nicht ausblenden, wie sehr Menschen durch
ungefragte und ungewollte Zuschreibungen verletzt und an den Rand der Gesellschaft abgedrängt werden, denn dies ist leider einfach Fakt! Im Folgenden möchten wir aber einige Punkte skizzieren, die in Bezug auf eine queere Kritik an den
Identitätspolitiken des Diversity Managements diskutiert werden sollten.

Kritik an Identitätspolitiken des Diversity Managements

Im Zentrum vieler Auseinandersetzungen und sozialer Kämpfe steht die Forderung nach Vernetzung und dem gemeinsamen Handeln. Hierbei geht es darum,
sich mit anderen Menschen zusammenzuschließen, um überhaupt eine Basis
gemeinsamer Interessen und Kämpfe formulieren zu können. Auf der anderen
Seite wird dadurch aber immer auch eine bestimmte Identität festgezurrt und
bestätigt. Das heißt, es muss ausgehandelt werden, was die Gemeinsamkeit der
Gruppe ausmacht, also was zum Beispiel ‚die Frauen' oder ‚behinderte Menschen'

eint. Es handelt sich hierbei um ein Paradox, das nur schwer aufzulösen ist und das als Problem im Umgang miteinander auch nicht einfach verschwindet, wenn alle sich auf ein gemeinsames Ziel einigen können. Denn in jeder Gruppe gibt es unterschiedliche Positionierungen und damit auch ungleich verteilte Privilegien. Aus unserer Sicht tragen die Politiken des Diversity Managements nicht dazu bei, dieses zu irritieren oder gar aufzuheben. Es kommt vielmehr zu einer Verstärkung dieses Prozesses, in dem die marginalisierten Subjektpositionen im Sinne des Diversity-Ansatzes in eben dieser Marginalisierung funktionalisiert werden. Insbesondere der affirmative Bezug auf die marginalisierte Gruppe führt zur Verfestigung der zugeschriebenen Identität und hierarchisiert sie. Statt Diskriminierung und Ungleichheiten zu benennen, besteht somit die Gefahr, Kategorien wie etwa ‚Frauen‘ und ‚Männer‘ weiter zu verstärken. Wenn Differenzen benannt werden, dann sollte dies dazu dienen, strukturelle Ungleichheiten, gesellschaftliche Normen und deren Gewaltförmigkeit benennen zu können. Andererseits müssen Kategorien aber gleichzeitig in Frage gestellt werden, um sie bekämpfen zu können. Weiterhin wird die Wahrnehmung von Personen jenseits der Stereotypen ihrer ‚Diversity-Gruppierung‘ mit dem ständigen Beschwören dieser Kategorien erschwert (Schenk 2008: 161).

Aus einer identitätskritischen, queeren Perspektive ist der Hinweis unabdingbar, dass es bei jeder Gruppierung, die auf Basis von Identität entsteht, Ausschlüsse gibt, die nicht wahrgenommen werden und durch die Identitätspolitik auch schwerer wahrzunehmen sind (Butler 1995: 30). Der *Lesben- und Schwulenverband in Deutschland* (LSVD) etwa, der sich gerne als Vertreter ‚aller‘ Lesben und Schwulen präsentiert, produziert aktiv Ausschlüsse, indem „hochrangige Funktionäre [...] ‚Muslimtests‘ für angeblich einbürgerungsunwillige Migranten“ forderten (Bernhard 2011: 185). Diese Ausgrenzung baut auf die u.a. durch den LSVD und deutsche Politiker_innen betriebene Gleichsetzung von als ‚fremd‘ konstruierten Menschen[25] mit homophoben Aggressor_innen auf. Offensichtlich werden hierbei Positionen wie die der queeren Migrant_in völlig unterschlagen. Wenn diese Positionen nicht schlechterdings stillschweigend mit vereinnahmt werden, verschwinden sie eben in der Unsichtbarkeit. Beide Alternativen erzeugen den Anschein, als ob es solche Positionen nicht gäbe, und laden die Verantwortung, dagegen zu wirken, auf die dadurch marginalisierten Subjekte ab. Diese Vorgänge bestätigen Hierarchien und produzieren Ausschlüsse.

In Bezug auf Diversity Management ergeben sich aus unserer Perspektive folgende Kritikpunkte: Diversity sucht Vielfalt top-down zu managen und daraus für

---

25 Den Begriff ‚Migrantisierte‘ nutzen wir, um uns von einem essenzialistischen Verständnis zu distanzieren, das im Wort ‚Migrant_in‘ konnotiert ist. Damit soll deutlich werden, dass Migrantisierung als anderne Fremd- und Fremdheitszuschreibung ein Prozess und kein Wesensmerkmal ist.

die Organisation Gewinn zu ziehen. Wir kritisieren daran, dass das Konzept Ungleichheit und Diskriminierung ent-nennt, wodurch Hierarchien nicht hinterfragt werden, weil weiterhin ‚von oben' entschieden wird. Die Basisgruppen sollen aktiviert werden, aber über die grundsätzliche Ausrichtung entscheidet – etwa durch Mittelvergabe – die Spitze, von herrschaftskritischer Ausrichtung keine Spur. Es findet also keine Selbstermächtigung statt. Nicht wahrgenommen wird außerdem, wie Privilegien und Ausgrenzung immer in Bezug aufeinander agieren, dabei Hierarchien festigen und das Prinzip des ‚teile und herrsche' weiter fortgeführt wird. Die Ziele des Diversity Managements werden nicht von den diskriminierten Gruppen, sondern von der Verwaltung und den sie ‚beratenden' Gender- oder Diversity-Expert_innen definiert. Die Diversity-Ansätze lassen die Herstellung und Aufrechterhaltung der privilegierten Position durch Ausschluss von Anderen völlig unberührt und unhinterfragt.

Eine Frage, auf die wir bisher keine Antworten finden konnten, ist, wie Diversity-Konzepte mit Leerstellen, Diskontinuitäten und Brüchen in den jeweiligen Identitäten von Personen umgehen. Fördert ein Diversity-Ansatz auch die Vielfalt in den jeweiligen Subjektpositionen? Oder werden diese zugunsten der Ressource eindeutiger Identität eingeebnet? Beides sind denkbare Möglichkeiten.

Und weiterhin: Was passiert, falls – anders als von den Befürworter_innen postuliert – Diversity Management keine betriebswirtschaftlichen Vorteile bringt, die Kosten für die Partizipation höher sind als der betriebswirtschaftliche Nutzen oder die vorgeschlagenen Maßnahmen anderen Zielen widersprechen?

Wir fassen zusammen: Ansätze von Diversity Management basieren auf der fortlaufenden Konstruktion identitärer Differenzen und tragen gleichzeitig zu deren weiterer Verfestigung bei. Bestehende Herrschaftsverhältnisse werden hierbei zumeist nicht hinterfragt. Zentrales Anliegen queerer Ansätze muss es also sein, dieses Konzept als neoliberale Strategie zu entlarven und Gegenstrategien zu entwerfen.

Intersektionalität als Konzept für einen herrschaftskritischen Umgang mit Differenzen

Auf der Suche nach Gegenstrategien zu Diversity Management stellt sich zunächst die Frage, inwiefern die existierenden queeren Handlungsoptionen geeignet wären, Diversity-Politiken zu irritieren, ohne sich vom unternehmerischen Kalkül vereinnahmen zu lassen. Es kann aus unserer Sicht nicht allein darum gehen, die Anzahl (sichtbarer) marginalisierter Subjektpositionen zu erhöhen, denn damit werden Hierarchien und Produktionsprozesse nicht hinterfragt. Aber auch das Streben nach Auflösung von Identitäten ist problematisch, da hiermit Hierarchien,

Differenzen und strukturelle Unterdrückung unsichtbar werden. Queere Praxen verweisen auf VerUneindeutigung, Denormalisierung, Enthierarchisierung (vgl. dazu Engel 2002) und darauf, in Aushandlungsprozessen zu bleiben, statt auf ‚teile und herrsche' zu setzen. Dazu ist es unabdingbar, die bestehenden Herrschaftsverhältnisse konkret und im Kontext zu benennen und dabei auf die jeweiligen sozialen Kämpfe zu rekurrieren. Wir bezweifeln also, dass es für dieses Projekt strategisch sinnvoll ist, bestehende Diversity-Management-Konzepte zu unterwandern oder umschreiben zu wollen.

Statt einer am Ziel der Leistungssteigerung ausgerichteten Organisationsstrategie, die von oben verordnet wird, sprechen wir uns für ein politisch-theoretisches Konzept aus, das dazu geeignet ist, einen herrschaftskritischen Umgang mit Differenzen zu entwickeln, der in der Institution Universität wirksam werden kann. Dazu muss ein Modus des Umgangs mit Differenzen gefunden werden, der nicht durch Gleichmacherei und verkürztem Machtverständnis bestimmt ist. In dieser Hinsicht kann Intersektionalität als das ‚gegenteilige' Paradigma zu Diversity Management verstanden werden: Intersektionalität geht es um das Aufdecken und Bekämpfen von sozialen Ungleichheiten sowie struktureller und alltäglicher Diskriminierung. Intersektionalität zeichnet sich dadurch aus, die Verschränkung verschiedener Herrschaftsverhältnisse und damit auch die gegenseitige Beeinflussung von Ausschlussmechanismen zu erfassen und zu analysieren. Im Kontext dieser Veröffentlichung scheint es uns also besonders zentral zu fragen, was dieser theoretische Bezug nun konkret für die Praxis des *Lehrhauses für Alle* und das Herstellen der gerade angesprochenen Teilhabe heißen kann und soll. Dazu ist es hilfreich, die politische Entstehungsgeschichte intersektionalen Denkens zu skizzieren.

Intersektionales Denken entstand vor dem Hintergrund sozialer und feministischer Bewegungsgeschichte. Es fußt auf den theoretischen und politischen Interventionen von Women Of Color und Frauen, die als behindert konstruiert werden, in das, was sich bis zu den 1970er Jahren zu einer Art Mainstream in verschiedener Weise privilegierter Feminismen geformt hatte. Da die Ausschlussgeschichte weißer Feminismen lang und reichhaltig ist, möchten wir anhand eines Beispiels die Probleme eines gleichmachenden ‚Wir'-Postulats ausbuchstabieren.

Als sich einige westdeutsche Feministinnen in den 1970er Jahren für die Straffreiheit des Schwangerschaftsabbruchs einsetzten, ging es ihnen um das Recht am eigenen Körper. Dieser wichtige Kampf für mehr Selbstbestimmung ließ aber völlig unberücksichtigt, dass dies aus der Perspektive von Women Of Color und Frauen, die als behindert konstruiert werden, zunächst einmal bedeuten musste, die zahllosen Zwangssterilisationen, die an vielen von ihnen verübt wurden, zu skandalisieren und zu bekämpfen. Denn nicht für alle Frauen war das zentrale Problem einer selbstbestimmten Reproduktion der Zugang zur legalen bzw. straffreien Abtreibung und die Möglichkeit, die Pille nehmen zu können. Vielmehr müsste hier auch eine gewisse Kontinuität[26] der staatlichen und gewaltvollen Einmischung in die reproduktiven Fähigkeiten von Frauen mit in den Blick genommen werden. In der NS-Zeit war ganz unverhohlen von „Rassenhygiene" und der ‚Vernichtung' unerwünschter Lebensformen die Rede und waren die Zwangssterilisation[27] und erzwungene Abtreibung die Instrumente, um diese Ideologie des Hasses durchzusetzen. Aber auch danach tauchten immer wieder verschiedene ‚Reinheits'-Diskurse auf, die eine sogenannte ‚Volksgesundheit' sichern sollten und auf unterschiedliche Weise in die reproduktive Selbstbestimmung eingriffen.[28] Dabei ging es auch um verschiedene Gefahren und Risiken für Mütter und Kinder und entsprechende Vorgaben, welches Verhalten erwünscht und straf- oder sanktionierbar ist. Schließlich verschärfen die wachsenden Diagnosemöglichkeiten der Medizin den Druck auf werdende Mütter, im Zweifel besser abzutreiben. Auch heute noch kann nach der sogenannten ‚medizinischen Indikation' ein Schwangerschaftsabbruch ohne Frist vorgenommen werden, wenn einer Mutter die durch das Kind entstehende psychische Belastung nicht zuzumuten ist. Eine Behinderung oder auch die Feststellung einer Intersex-Kondition beim Kind wird hier als ‚Belastungsfaktor' anerkannt, der es ermöglicht, noch bis kurz vor den Geburtswehen abzutreiben[29]. Auch neu geschaffene Institutionen wie das Elterngeld oder die Garantie auf einen KiTa-Platz mit dem Ziel, die zurück gegangene Geburtenrate zu erhöhen, gelten nicht für alle. Denn während Akademikerinnen und andere gut verdienende Frauen damit belohnt werden – kurz und wohlgemerkt nur für ein Jahr ihre Karriere zu unterbrechen, während sie sich gleichzeitig auf die Betreuungsmöglichkeit danach ‚verlassen können' – stehen diese Anreize Empfängerinnen von Sozialleistungen einfach erst gar nicht zu.

Allein dieses Beispiel verdeutlicht, wie wichtig eine intersektionale Analyse ist, denn hier werden bisher mindestens die Machtachsen Ableismus, Klassismus, die Norm der Zweigeschlechtlichkeit und auch Rassismus sichtbar. Dies auch vor

---

26 Diese Kontinuität ist keine lineare und Gleichsetzungen irgendeiner anderen Zeit mit dem NS-Regime grundsätzlich problematisch (vgl. dazu Lemke 2001).

27 Siehe dazu http://www.euthanasiegeschaedigte-zwangssterilisierte.de/index.html [14. 11.2012] und http://gedenkort-t4.eu/vergangenheit/zwangssterilisationen [14.11.2012]

28 Hier möchten wir auf das Konzept der Biomacht oder Biopolitik verweisen. Vgl. dazu Lemke 2007.

29 Wortlaut des §218a Straflosigkeit des Schwangerschaftsabbruchs, Absatz (2): „Der mit Einwilligung der Schwangeren von einem Arzt vorgenommene Schwangerschaftsabbruch ist nicht rechtswidrig, wenn der Abbruch der Schwangerschaft unter Berücksichtigung der gegenwärtigen und zukünftigen Lebensverhältnisse der Schwangeren nach ärztlicher Erkenntnis angezeigt ist, um eine Gefahr für das Leben oder die Gefahr einer schwerwiegenden Beeinträchtigung des körperlichen oder seelischen Gesundheitszustandes der Schwangeren abzuwenden, und die Gefahr nicht auf eine andere für sie zumutbare Weise abgewendet werden kann".

dem Hintergrund, dass gegenwärtig immer wieder die Rede davon ist, dass als ‚fremd' konstruierte und als ‚Unterschicht' wahrgenommene Frauen zu viele Kinder bekommen würden. Ergänzt werden muss hier noch, dass lesbisch lebenden Frauen der Zugang zu den modernen Reproduktionstechniken verwehrt wird. Das Adoptionsrecht gilt in den eingetragenen Lebenspartnerschaften im Vergleich zur Ehe nur eingeschränkt, was beides die Homophobie unserer Gesellschaft widerspiegelt. Diese Beispiele zeigen, wo die Kritiken marginalisierter Frauen an einem ‚Wir-Frauen'-Feminismus notwendigerweise ansetz(t)en: „Die eigentlich partikulare Beschreibung und Analyse der Lebenssituation von Frauen, die aufgrund der Zusammensetzung der ‚Neuen Frauenbewegung' vorwiegend aus einer *weißen*, studentischen Mittelschichtsperspektive erfolgte, wurde universalisiert und mündete in der Behauptung, dass alle Frauen in gleicher Weise unter den gesellschaftlichen Verhältnissen litten. Die Sichtweisen und Erfahrungen minorisierter, migrantischer, proletarischer, aber auch lesbischer Frauen stellten für die ‚Neue Frauenbewegung' zunächst kaum Ausgangspunkte dar" (Reiniger/Torrenz 2011).

In diesem Kontext kämpften die vom privilegierten Teil der Frauenbewegung ausgeschlossenen Frauen dafür, die verschiedenen Herrschaftsnormen, entlang derer Menschen diskriminiert und unterdrückt werden, nicht mehr getrennt voneinander, sondern in ihrer Verflechtung und ihren jeweils unterschiedlichen Wirkungsweisen zu denken. Bevor sich der Begriff Intersektionalität etablierte, wurden verschiedene Bezeichnungen verwendet. US-amerikanische Women Of Color haben den Begriff der ‚interlocking systems of oppression' – ineinandergreifende Systeme der Unterdrückung – geprägt, um die Machtstrukturen *Class, Race, Gender* und *Sexualität* zusammen verstehen zu können. Zentral für diese Entwicklung steht der Text „A Black Feminist Statement" des *Combahee River Collective* aus dem Jahre 1977: „The most general statement of our politics at the present time would be that we are actively committed to struggling against racial, sexual, heterosexual, and class oppression and see as our particular task the development of integrated analysis and practice based upon the fact that the major systems of oppression are interlocking" (ebd.: 362)[30]. Frauen, die als behindert konstruiert werden, prägten mit ihrem politischen und theoretischen Einsatz den Begriff der „Doppelten Diskriminierung". So schrieb Swantje Köbsell: „Zur Charakterisierung der besonders Situation von Frauen mit Behinderung wird gerne der Ausdruck ‚Doppelte Diskriminierung' verwendet, [...] weil sie in Personalunion zwei gesellschaftlichen Gruppen angehören, die Diskriminierung ausgesetzt sind:

---

30 „Die allgemeinste Aussage unserer derzeitigen Politik wäre, dass wir aktiv dem Kampf gegen rassistische, sexuelle, heterosexuelle und Klassenunterdrückung verschrieben sind und unsere besondere Aufgabe darin sehen, eine integrierte Analyse und Praxis zu entwickeln, die auf der Tatsache beruht, dass die bedeutenden Unterdrückungssysteme verschränkt sind" (Übersetzung d. Verf.).

Frauen und Behinderten. Dabei vereinen sie nicht nur die Diskriminierungen beider Gruppen auf sich; vielmehr potenzieren sich die Diskriminierung bei diesem Zusammenspiel" (Köbsell 1993: 34). Der Begriff *intersectionality* geht auf die afro-amerikanische Rechtstheoretikerin Kimberlé Crenshaw zurück. *Intersection* heißt übersetzt Überschneidung, Schnittpunkt oder auch Kreuzungspunkt. Crenshaw regt dazu an, die Metapher der Straßenkreuzung, in der der Verkehr aus allen vier Richtungen fließt, für das Denken sich überschneidender Machtachsen zu nutzen. Sie spricht davon, wie Diskriminierung – ähnlich dem Verkehr in einer Kreuzung – mal in die eine und mal in eine andere Richtung fließen kann. Wenn nun ein Unfall auf der Kreuzung passiert, dann kann dieser von Autos aus jeder möglichen Richtung oder allen Richtungen zugleich verursacht worden sein. In ähnlicher Weise kann die Verletzung einer Schwarzen Frau, der etwas zustößt, weil sie sich in dieser Kreuzung befindet, aus rassistischer und/oder sexistischer Diskriminierung heraus entstehen (vgl. Crenshaw 1989: 149).

Intersektionalität geht davon aus, dass die verschiedenen Herrschaftsverhältnisse zwar eine eigene Geschichte haben, aber zu keinem Zeitpunkt der Geschichte nur ein Herrschaftsverhältnis alleine wirksam ist. Herrschaftsverhältnisse sind in der Praxis immer miteinander verwoben, ohne dass sie sich theoretisch aufeinander reduzieren lassen bzw. voneinander abgeleitet werden können. Wir verwenden das Konzept Intersektionalität also, um die Überkreuzungen und Verflechtungen der verschiedenen Macht- und Diskriminierungsachsen theoretisch und praktisch fassen zu können. Die individuelle Subjektivität und die Beziehungen, die Menschen miteinander haben, können so mit Bezug auf ihre kontextabhängige Privilegierung oder Mehrfach-Betroffenheit von diskriminierenden Strukturen verstanden werden. Zentral ist aus unserer Sicht dabei auch die Rolle, die Diskursen der Macht und Normativität zukommt.[31] Denn diese sind nicht abstrakt, sondern werden in den Massenmedien, durch gesellschaftliche Institutionen und in sozialen Interaktionen ständig reproduziert. Sie weisen Subjekten ihren Platz in der Gesellschaft zu, indem sie beispielsweise unterscheiden, was als krank oder gesund, erstrebenswert oder abzulehnen, normal oder pervers gilt. Zugleich werden normative Diskurse von Subjekten artikuliert. Sie verorten sich und andere auf diese Weise in der Welt. Ihre Macht erlangen Diskurse nicht nur über das, was die Wissenschaft einer Epoche als wahr oder richtig postuliert, sondern auch darüber, dass sie wandelbar sind, Neues aufgreifen und einarbeiten können.

Während die Politiken des Diversity Managements derzeit vor allem auf einer programmatischen Ebene in Anschlag gebracht werden, ist die Zusammenarbeit

---

31 Wir arbeiten hier mit Macht- und Diskursbegriffen nach Michel Foucault (vgl. einführend Sarasin 2005 und nächster Abschnitt).

in der Universität von einer bestimmten Diskurshoheit geprägt, die sich in den dort agierenden Individuen widerspiegelt und weiter fortgeschrieben wird. In Seminarräumen ist zu häufig zu hören, dass so etwas wie soziale Ungleichheit doch gar nicht mehr existiere, da alle Menschen hier in Deutschland formal gleichberechtigt leben würden. Wer es nicht schaffe, sich eine Position in der Gesellschaft zu sichern, sei selbst schuld. Rassismus beispielsweise sei hier nur noch in bestimmten Gruppen (Neonazis) oder an bestimmten Orten (neue Bundesländer) zu finden und nur gegen Ausländer_innen gerichtet; wir müssten also nur gegen Reste von ‚Fremdenfeindlichkeit' agieren. Feminismus wirke ebenfalls nur noch altbacken, schließlich hätten wir doch jetzt eine Bundeskanzlerin, und *political correctness* schade der ‚freien Meinungsäußerung' nur. Dass diese neoliberale schöne neue Welt nur für die Privilegierten existiert, wird von diesen bequemerweise übersehen. Wir fragen uns: Wie ist es möglich, auf Basis eines herrschaftskritischen intersektionalen und queeren Denkens im Raum Universität zu neuen Diskursen und neuen Praxen zu kommen, die dieser Reproduktion von Diskriminierung und sozialer Ungleichheit etwas entgegen setzen können?

Das Lehrhaus für Alle als materialisierte Utopie

Deutsche Universitäten haben sich in den letzten zehn Jahren nicht mehr viel Mühe damit gegeben, Zugangsbarrieren und Erfolgshürden abzubauen oder auch nur zu verschleiern. Studienmöglichkeiten ohne Abitur wurden eingeschränkt, Studienplätze gibt es nur bei entsprechend guter Abiturnote, für den Master muss eine neue Bewerbung her. Studiengebühren und steigende Lebenshaltungskosten setzen Studierende auch unter steigenden finanziellen Druck. Die für viele bestehende Notwendigkeit, neben dem Studium zu arbeiten, steht in ständiger Konkurrenz mit der Anforderung, jedes Semester kontinuierliche Leistungen zu erbringen, um nicht rauszufliegen oder am Ende mit einem schlechten Abschluss dazustehen, zumal die Bachelornote für die Aufnahme eines Master-Studiengangs entscheidend ist. Der Druck im Studium ist so groß, dass viele es schlicht nicht überstehen und abbrechen. Das neoliberale Versprechen, die individuelle Freiheit auszuweiten, hat in den Universitäten Reformprozesse ausgelöst, durch die Verschulung, Noten- und Zeitdruck eingezogen sind. Die Offenheit der Institution und die Möglichkeiten, sich darin selbst zu entfalten, wurden auf diese Weise eingeschränkt statt ausgeweitet. Solche Strukturen entfalten ihre Wirkung auch in den Subjekten, beispielsweise durch die – verständliche – Reaktion, jede nicht-notwendige Tätigkeit zu vermeiden, somit selbst noch vorhandene Spielräume zu negieren.

Ein *Lehrhaus für Alle* müsste sich dem Ziel verschreiben, die Türen für diejenigen zu öffnen, die nicht mit allen Privilegien ausgestattet sind. Es müsste auch den Druck beseitigen, um ihnen die Teilhabe an der Institution zu ermöglichen und damit die Voraussetzungen schaffen, um in diesem System besser durchzukommen. Wir sehen das *LfA* als materialisierten Diskurs einer offenen Zukunft, sozusagen als eine ‚Utopie'.[32] Eine allgemeine Definition für den Foucault'schen Diskursbegriff lautet „soziale Konstruktion von Wirklichkeit" (Landwehr 2001: 69), „die den mit diesem Diskurs vertrauten Subjekten das gemeinsame Sprechen und Handeln erlaubt" (ebd.: 77) und sich deshalb über Sprache untersuchen lässt (vgl. Foucault 1973: 43). Diskurse müssen aber vielstimmig, widersprüchlich und brüchig gedacht werden (vgl. Foucault 1973: 58, 99). Widerständigkeit beginnt also im Zurückweisen falscher, gefährlicher oder verletzender Vereindeutigungen. Dies bedeutet allerdings keine chaotische Unstrukturiertheit oder Beliebigkeit. „Ich setze voraus, dass in jeder Gesellschaft die Produktion des Diskurses zugleich kontrolliert, selektiert, organisiert und kanalisiert wird" (Foucault 1993: 10f). Der Diskurs wird nie frei von Macht sein, aber seine Regulierungen können und sollten in ihren Beziehungen zu Herrschaftsverhältnissen permanent untersucht werden.

---

32 „Wenn das Wörtchen wenn nicht wär' – Das ist die Kapitulationserklärung vor der Wirklichkeit, deren Tristesse sich zu unterwerfen eben darum nichts anderes übrig bleibt, weil sie aller Möglichkeiten beraubt wurde. Daran ändert sich auch nichts, wenn der realistische Imperativ (‚gehorsam sein') gegenüber dem Bestehenden in der Absicht formuliert wird, dieses wirkungsvoll verändern zu können. Denn dann mag zwar bekannt sein, wie, aber nicht mehr warum noch wohin es zu ändern wäre. Letztlich entlarvt das Verbot, das Mögliche zu imaginieren, seine phantastische Prüderie in der Fortsetzung des hier nur halb zitierten deutschen Reims. Das Vorstellbare, das nicht vorgestellt werden darf, schafft es nicht mal in die Zukunft, kaum an die eigene Gegenwart reicht es heran. Monetäres Patriarchat, mehr ist nicht drin – wär' mein Vater Millionär." (Bini Adamczak 2011: 108f)

Nicht nur, dass sich Diskurse zu allgemein anerkannten Wahrheiten verdichten können und mit deren Wirkungen umzugehen ist, Diskurse materialisieren sich in Institutionen, sozialen Praxen, Darstellungsweisen und auch Architektur (vgl. Foucault 1973: 73f). In diesem Sinne schreiben wir hier nicht nur von Text, sprechen nicht nur von Sprache. Das Verständnis des *LfA* als materialisierter Diskurs basiert auf einem Diskursbegriff, der Materialisierungen und Diskurse als wechselseitige Voraussetzungen denkt und somit diese Trennung aufhebt: „This totality which includes within itself the linguistic and the non-linguistic, is what we call *discourse*" (Laclau/Mouffe 1987: 82, vgl. Butler 1995). Damit verschwimmen die Grenzen zwischen Architektur, sozialen Praxen und Be-Deutung. Konkret heißt das: Das *LfA* ist nach dieser Herangehensweise nicht nur ein ‚Haus' im engeren Sinne, sondern das Zusammenspiel aus dem Gebäude, der Institution, alltäglichen Praktiken seiner Nutzung; und nicht zuletzt das, was die Beteiligten in ihm sehen und aus ihm machen.

Doch kann und darf dies nicht statisch sein. Die anzustrebende Vielfalt – nicht im Sinne von Diversity Management, sondern intersektional gedacht – müsste sich permanent Tendenzen des Gleich-Machens widersetzen. Die Differenz müsste permanent gegen Tendenzen des Identisch-Machen-Wollens verteidigt werden (Adorno/Horkheimer 1947: 20-26; vgl. den Beitrag von Bruhn/Homann in diesem Band). Das *LfA* kann und soll nicht außerhalb von Gesellschaft stehen, sondern muss und will ständig einen Umgang mit der Gesamtscheiße suchen. Es wird Interessen geben, die nicht berücksichtigt werden, es wird zu Konflikten kommen, die sich Standardlösungen entziehen, es wird Ausschlüsse geben, die nicht wahrgenommen wurden, und im besten Fall werden Kategorien ins Wanken gebracht. Daraus entsteht kein strukturfreier Raum, lediglich Raum für Neues, welchen es zu gestalten gilt.

Deshalb muss das *LfA* Widersprüche aushalten, darf eine Vielstimmigkeit nicht vereindeutigen und muss selbst eine fragile Konstruktion sein. Auf ‚materieller' Ebene des Gebäudes heißt das, vielfältige Nutzungsformen sollten möglich sein und spätere bauliche Veränderungen sollten von vornherein antizipiert werden, aber v.a. heißt es, dass Institution, Verständnis und Alltagspraxen in Bewegung bleiben müssen.

Damit gilt es, den Begriff der ‚Utopie' mit neuem, lebendigem Inhalt zu füllen. Es geht um keine ferne Zukunft. Es geht um keine von der Gegenwart abgetrennte Zukunft. Bereits baulich zeigt der Ed Roberts Campus in Berkeley, was sich heute schon materialisieren lässt und möglich ist.[33] Es kann nicht darum gehen, gegenwärtige Diskurse einer besseren Zukunft festschreiben zu wollen. Es geht um das Ziel eines besseren Miteinanders. Zu wissen und zu berücksichtigen,

---

33 http://edrobertscampus.org/ [14.11.2012].

dass sich der Begriff von ‚besser' im Laufe des Prozesses ändern wird, darf uns dabei keinesfalls abhalten, an und mit dieser Utopie zu arbeiten. Deshalb möchten wir im Folgenden dieses ‚besser' mit Inhalten füllen und skizzieren, wie wir das *LfA* als einen offenen* Raum denken, der ein solches Miteinander ermöglicht und in dem Freiheit* als politische Praxis gegen neoliberale Herrschaftsformen behauptet werden kann.

Eine Freiheit, die dieser Utopie angemessen ist

Von ‚offenen Räumen', in denen angeblich ‚alle' partizipieren können, ist heutzutage häufig die Rede. Wer will schon zugeben, Ausschlüsse zu produzieren? Es zeugt allerdings bestenfalls von gehöriger Naivität gegenüber Ungleichheitsstrukturen und Differenz, wenn Organisator_innen davon ausgehen, dass Räume schon dann offen sind, wenn es eine öffentliche Bekanntmachung gab, vor dem Betreten keine Bewerbung eingereicht werden musste, der Eintrittspreis nicht so hoch ist und die Räumlichkeiten über ein barrierefreies WC verfügen. Es kommen dann nur die ‚üblichen Verdächtigen', die die Verantwortung für die Homogenität des Raumes den Ausgeschlossenen in die Schuhe schieben: „Der Raum war offen, aber es sind leider keine **beliebige marginalisierte Gruppe hier einsetzen** gekommen. Schade!"

Die heute vorherrschende diskursive Praxis, Offenheit zu proklamieren, ohne Verantwortung für sie zu übernehmen, ist mit der großen neoliberalen Erzählung von Selbstverantwortung und Freiheit verstrickt.[34] Angeblich können es heute alle *schaffen*, die es nur wirklich *wollen* und ein Höchstmaß an *Einsatz* und *Leistungsbereitschaft* mitbringen. Dabei ist es offensichtlich, dass gesellschaftliche Ungleichheit sowohl die anzustrebenden Ziele formt als auch die Möglichkeit, das dazu angeblich erforderliche Höchstmaß an Leistung erbringen zu können. Die strukturellen Voraussetzungen und machtvollen Diskurse, die dafür sorgen, dass sich deutsche Universitäten bis heute als Räume der Privilegierten erhalten können, werden von denjenigen, die in der Vergangenheit davon profitierten und heute diskursmächtige Positionen inne haben, nicht wahrgenommen und ausgeblendet. Stattdessen geht es um Leistungsfähigkeit und -willen, die im herrschenden Diskurs auf dem Individuum abgeladen werden.

Ist es möglich, sich die Begriffe Freiheit und Offenheit wieder anzueignen? Das Politische, verstanden als ein Konflikt darum, wie das gesellschaftlich Gute zu erreichen sei, ist auch ein Kampf um die Füllung von Begriffen wie ‚Freiheit',

---

34 Zur Einführung in die kritische Analyse neoliberaler Regierungsrationalitäten vgl. Bröckling/Krasmann/Lemke 2000; Foucault 2006.

‚Gleichheit' und ‚Gerechtigkeit'. Dazu müssen wir fragen, welche Bedingungen erfüllt werden müssen, um die Freiheit zu ermöglichen, die es braucht, um sich für Räume entscheiden zu können. Der Freiheitsbegriff des Neoliberalismus vermag sich von der Vorstellung eines souveränen Willens-Subjektes nicht zu lösen. Hier können wir von Hannah Arendt lernen, die Feminist_innen und andere progressive Linke nur selten zu Rate ziehen.[35] Arendt unterscheidet zwischen der Freiheit, etwas zu wollen, und der Freiheit, etwas zu können. Letztere liegt nicht in der Souveränität des Subjektes begründet, sondern gründet in der Nicht-Souveränität derjenigen, die sich in Gemeinschaft mit anderen begeben. „Die weltliche Freiheit ist politisch: Sie fordert nicht nur ein Ich-Will, sondern auch ein Ich-Kann; sie erfordert eine Gemeinschaft" (Zerilli 2010: 35). Für die Freiheit, die das *LfA* ermöglicht, sollten wir diesen Gedanken festhalten: Sie muss sich nicht nur in der Bauweise, in den Zugangsregeln und in der Programmplanung des Lehrhauses materialisieren, sondern in den alltäglichen Begegnungen aller Beteiligten. Wir als AG Queer Studies haben – Top-Down-Ansätzen gegenüber skeptisch – an das *LfA* den Anspruch, dass es ein *Lernhaus* ist, weil es nicht nur um die Vermittlung von Wissen durch autorisierte Personen geht, sondern vor allem um gemeinsames Lernen.

Pluralität bedeutet für Arendt, dass eine Person die Wirkung ihrer Handlung nicht kontrollieren kann. So wichtig es ist, Verantwortung für das eigene Handeln zu übernehmen und gegenüber den Bedürfnissen und Grenzen der Anderen aufmerksam zu sein, so unmöglich ist eine vollständige Kontrolle über die Effekte der eigenen Handlungen. Würde Freiheit nur dadurch ermöglicht, die Kontrolle zu bewahren, gälte es das Handeln im und das Eintreten in den öffentlichen Raum zu vermeiden (Zerilli 2010: 35). Das *LfA* hingegen stellen wir uns als einen Ort der weltbezogenen Politik vor, an dem Dinge öffentlich werden können, indem Menschen lernen, zueinander in Beziehung zu treten. Wir stellen uns das *LfA* nicht als eine Versammlung bereits feststehender Identitätsgruppen vor, die zusammenkommen, um ihre Differenzen auszuhandeln und ihre unterworfenen Identitäten reproduzieren müssen, damit sie im *LfA* etwas zu sagen haben (ebd.: 44). Zwar ist durchaus vorstellbar, dass Menschen, die eine bestimmte Erfahrung teilen, im *LfA* ein gemeinsames Anliegen artikulieren. Seine politische Praxis soll aber darin bestehen, ein unabgeschlossener, unfertiger Raum zu sein, in dem sich Menschen in der Begegnung darüber entscheiden können, wie sie das *LfA* und die Welt gestalten möchten. Alle Beteiligten sind Lernende.

---

35 Linda Zerilli unternimmt in „Feminismus und der Abgrund der Freiheit" (2010) den Versuch, Hannah Arendt für die feministische politische Theorie neu zu lesen. Im Folgenden beziehen wir uns auf Zerillis Arendt-Interpretation, wissend um die problematischen Implikationen der Arendtschen Begriffe des Privaten und Öffentlichen.

Diese Vision der Freiheit unterscheidet sich von der zweckgerichteten ‚Freiheit' der Institution Universität im Zeitalter des Diversity Managements. Das *LfA* kann einen Rahmen schaffen, um gemeinsames Ins-Handeln-Kommen zu ermöglichen. Schon das erfordert eine große Anstrengung, denn es gilt viel zu bedenken, und es erfordert – um neben der Freiheit noch einen weiteren Begriff aus den Klauen neoliberaler Denke herauszulösen – Flexibilität: Das *LfA* muss sich einlassen können auf das, was durch die Begegnungen passiert, und seine Offenheit aktiv herstellen. Es zeigt nicht auf Personen, die nicht partizipieren, sondern erkennt an, dass nicht alle partizipieren wollen. Es muss mit dem Wissen um die Eingebundenheit in gesellschaftliche Strukturen versuchen, sein Bestes zu tun, dass möglichst viele teilhaben können. Um diese Freiheit und Offenheit zu ermöglichen, braucht das *LfA* also Praxen, die Partizipation ermöglichen und Teilhabe herstellen, indem Barrieren abgebaut werden und Diskriminierung bekämpft wird. Diese praktische Enthierarchisierung bedeutet auch eine Umverteilung von Privilegien, eine Denormalisierung und VerUneindeutigung des Normalen (Engel 2002). Es wird eine neue Grundeinstellung gewählt: nicht der *abled body*, das autonome Subjekt, sondern der verletzliche Körper des Menschen, der in Beziehung zu anderen existiert.

Was alles anders werden muss!

Rassismus, Sexismus, Ableismus, die Gewalt gegen und Diskriminierung von Intersexuellen sowie der Hass auf Homosexuelle und Trans*personen sind in den Universitäten heute genauso allgegenwärtig, verletzend und zerstörerisch wie zu jeder anderen Zeit. Viele Leute werden täglich mit verschiedenen Formen von Diskriminierung konfrontiert und kommen neben Universitätsalltag und der Verpflichtung, auch für ihre Existenz gegen Lohn arbeiten zu gehen, viel zu selten zur Ruhe. Denn dazu braucht es Räume, die sicher genug sind, und davon ist die Universität weit entfernt. Sie bildet die normativen Herrschaftsachsen ab und führt sie fort: Es müssen alltägliche Beleidigungen, Ausgrenzungen oder offene Anfeindungen von Mitstudierenden, Dozent_innen und Verwaltungsmitarbeiter_innen ertragen werden. Es mangelt an Stellen oder Strukturen, dies aufzufangen, wo Betroffene sicher davor sind, dass solche Vorfälle heruntergespielt werden, und ihnen unhinterfragt die eigene Wahrnehmung und Definitionsmacht dieser zugestanden wird. Es bleibt in der Regel nur, diesen Alltag alleine durchzustehen und hinzunehmen. Zwar gibt es mittlerweile das Allgemeine Gleichbehandlungsgesetz (AGG), aber welche_r kann es sich schon leisten (sowohl finanziell als auch zeitlich), bei erfahrenen Diskriminierungen Anwält_innen einzuschalten, die an ihrer Seite für die formal garantierten Rechte kämpfen? Denn Gesetze wie das AGG schützen nicht unmittelbar vor Diskriminierung, sondern müssen eingefordert werden.

Ähnliches gilt für die UN-Behindertenrechtskonvention: Trotz der klaren Forderungen dieser wurden bisher an der Universität Hamburg kaum Zugangs- oder Kommunikationsbarrieren abgebaut. Im Gegenteil: Blinden und sehbehinderten Studierenden fällt das Übertragen von Texten in eine für sie lesbare Form zumeist selbst zu. Damit verbunden ist ein erheblicher Mehraufwand. Gebärdensprachdolmetscher_innen oder Schriftdolmetscher_innen in Bildungsanstalten sind weiterhin nicht vorgesehen und damit auch nicht einkalkuliert. Es wird routinemäßig darauf verwiesen, dass Betroffene das Recht hätten, sich diese Unterstützungen individuell zu organisieren. Dies gilt in der Universität aber nur für Pflichtveranstaltungen, von denen externe Hörer_innen keinen Gebrauch machen können. Wir als Veranstalter_innen einer öffentlichen Vorlesungsreihe, die viele Studierende außerhalb ihres Pflichtprogramms besuchen, haben uns bisher vergeblich dafür eingesetzt, Assistenz grundsätzlich anbieten zu können. Dass wir es doch eingeschränkt tun können, verdanken wir der Zusammenarbeit mit dem ZeDiS und der Solidarität der Gemeinsamen Kommission für Geschlechterforschung. Diese stellen uns Gelder zur Verfügung, damit wir einige unserer Veranstaltungen barrierefreier gestalten können. Die Universität zieht sich aus der Verantwortung, statt Teilhabe aktiv zu unterstützen.

Das Hauptgebäude und seine beiden Flügelanbauten illustrieren eindrucksvoll, dass Bau- oder Gebäudeerneuerungsmaßnahmen sich oft nicht an minimale Standards der baulichen Barrierefreiheit halten: zu kleine Fahrstühle und Toiletten, unnötige Treppen und ungeschützte Treppenvorsprünge (ausführlicher in diesem Band bei Becker/Judith). Auch die Renovierung des Gebäudes der Erziehungswissenschaften und des Phil-Turmes hat nicht dazu geführt, dass der Fahrstuhl alle Stockwerke erreicht, womit diese u.a. für Rollstuhlfahrer_innen und für Menschen, die als gehbehindert konstruiert werden, sowie mit Kinderwagen unzugänglich sind.

Wir können aber auch auf anderen Ebenen Zugangsbeschränkungen und Ausgrenzungen finden: People of Color (PoC), so auch Queers Of Color, Trans* Personen und Menschen, die ableistischen Normen nicht entsprechen, sind kaum oder gar nicht auf der professoralen oder höheren Verwaltungsebene vertreten. Wenn sie doch vorkommen, dann als Vertreter_innen ‚ihrer Themen‘ und als ‚Token‘[36] zum Vorzeigen. Die Finanzierung des ZeDiS hing bislang vom Europäischen Sozialfonds ab, während die Universität selbst unter Eigeneinsatz von

---

36 *Tokenism* bezeichnet eine Praxis, bei der eine Person, die einer Minderheit angehört, der Form halber und als Vertreterin für die gesamte Minderheit einbezogen wird. Bei Diskriminierungsvorwürfen wird dann von der Mehrheit auf die Token-Person als Gegenbeweis verwiesen (vgl. Kantner 1977). Tokenismus kommt in Unternehmen, der Politik und kulturellen Produktionen wie Filmen und Romanen vor.

etwas Verwaltungsarbeit von der Arbeit des Zentrums profitiert, beispielsweise indem barrierefreie Lehrveranstaltungen von behinderten und nichtbehinderten Dozent_innen angeboten werden und allen Interessierten offen stehen. Trans*Personen haben außerdem berichtet, dass es unmöglich für sie ist, eine Festanstellung an der Universität Hamburg zu bekommen. Der letzte AStA (Allgemeiner Studierendenausschuss) unter Führung der JuSos setzte dem rassistischen Treiben an der Universität die Krone auf, als er in einem unsäglichen Imagefilm Putzfrauen bei der Arbeit in einem Hörsaal als Schwarz, ‚ursprünglich‘, ‚wild‘ und mit Gospel auf den Lippen inszenierte! Solche Diskurse werden an der Uni reproduziert und materialisiert. Wer dies alles noch nie bemerkt hat oder gar nicht schlimm findet, sollte dringend über seine_ihre eigenen Privilegien nachdenken.

In diesem Kontext stellen wir also die Frage: Wie würden wir uns einen offenen* und dabei möglichst gewaltfreien Raum neben der baulich barrierefreien Gestaltung vorstellen? Wie füllen wir ihn?

Dies muss auf vielen Ebenen gedacht werden. Beginnen wir etwa bei der Frage des Zugangs zum Hochschulstudium. Das deutsche Abitur darf nicht alleine ausschlaggebend sein. Es ist zunächst sehr wichtig, grundsätzlich über Zugangsbedingungen nachzudenken. Für unsere Utopie und von heute aus können wir dabei nur vorläufig und vorsichtige erste Schritte formulieren. Beispielsweise sollte das *LfA* ausländische Schulabschlüsse, andere Formen der Qualifizierung – etwa Berufs- und Erziehungserfahrung – soziales und politisches Engagement sowie die Motive von Personen berücksichtigen. Auf der Ebene des Lehrpersonals ist es nicht nur wichtig, sondern sollte selbstverständlich sein, dass alle, die das Recht und damit auch die Macht bekommen, Menschen zu unterrichten, ihre intersektionale Sensibilisierung für Diskriminierung vorantreiben. Darüber hinaus ist eine Einstellungspolitik der ‚umgekehrten Logik‘ dringend notwendig: weiße, able-bodied, heterosexuelle cis-geschlechtliche Männer dürfen nur eingestellt werden, wenn die Stelle nicht von FLT*I*-Personen[37], Poeple of Color oder Menschen, die als behindert konstruiert werden, besetzt werden kann. Gleiches sollte dann auch für die Verwaltungsebene oder den Beratungsbereich des *LfA* gelten.[38] Es ist

---

37 Abkürzung für FrauenLesbenTrans*Inter*(sex)

38 Dieser gewagte Vorschlag bringt eine Reihe von Problemen mit sich. Eine vorläufige Festschreibung auf FLT*I* schließt schwule und bi-, cis-Männer aus dieser *affirmative action* aus, so diese weiß und able-bodied sind. Wir gehen davon aus, dass verschiedene Diskriminierungsformen nicht in gleicher Art und Intensität wirken und höchst kontextabhängig sind. Wir haben in diesem Zusammenhang auch diskutiert, wie die Möglichkeit des und die Aufrufung zum *Passing respektive Outing* beim Bewerbungsprozess zu bewerten sind. Eine Einstellungspolitik dieser Art läuft Gefahr, zu *oppression olympics* zu werden. Wir wünschen uns für das *LfA* aber, dass hier einmal nicht die Privilegiertesten gewinnen.

immer noch Realität, dass ohne Quoten und veränderte Einstellungspraxen alle angesehenen Positionen in der Gesellschaft – und die Universität ist ein Teil davon – überwiegend und unverhältnismäßig von weißen und nicht-behinderten Männern besetzt sind. Diese Zustände lösen sich nicht von alleine auf und bedürfen entschiedener, beherzter Gegenstrategien.

Auf kommunikativer Ebene gilt, dass Kommunikationsassistenz für Menschen mit Unterstützungsbedarf selbstverständlich und je nach Bedürfnis als gegeben eingerichtet sein muss. Es muss möglich sein, zusammen mit dem Raum für eine Veranstaltung auch Gebärdensprachdolmetscher_innen und Schriftdolmetscher_innen buchen zu können. Das *LfA* stellt Kommunikationsbarrierefreiheit nicht nur für Seminare her, sondern auch für den Arbeitsalltag der Mitarbeiter_innen und Studierenden, Lerngruppen, politische Treffen oder um gemeinsam an einem revolutionären Theaterstück zu arbeiten. Insbesondere wollen wir damit am Bild der leistungsfähigen Wissenschaftler_in rütteln. Dazu müssen wir in Frage stellen, welche Körper- oder Gesundheitszustände diesem nicht genügen können oder wollen.

Zudem werden Ausschlüsse und Diskriminierung auch in anderen Bereichen der Kommunikation sichtbar, also muss *geschlechtergerechte und machtsensible Sprache* als Leitsatz die Etikette des *LfA* anführen. Bezeichnungen sind nicht neutral, jede Form von *istischem Hasssprech verletzt – und dies darf in einem möglichst gewaltfreien Raum nicht geduldet werden! Es müssen Einführungseinheiten für Studierende entwickelt werden, die nicht nur die Orientierung an der Universität und Informationen zum Studium beinhalten. Sie müssen auch der Sensibilisierung für Diskriminierungen dienen. Eine Diskussionskultur, die *allen** ermöglicht, sich zu äußern, erfordert aktives Handeln. Dazu braucht es ein Bewusstsein für Privilegien und Dominanz. Darüber hinaus braucht es den Willen, verantwortlich mit machtvollen Strukturen umzugehen. Dazu muss es auch Raum für Projekte, politische Arbeit und Freizeitgestaltung geben. Die Funktion des *LfA* auf Universitätsbetrieb und Lehrveranstaltungen alleine zu reduzieren, wäre der Gemeinsamkeit in Vielfalt hinderlich. Nachdem wir jetzt einiges über das *wie* eines *LfA* gesagt haben, kommen wir noch kurz zum *Was*: Ein Studiengang und Forschung, die genau diese Themen ins Zentrum stellen, gehören aus unserer Sicht unbedingt dazu (vgl. das Hamburger Manifest in diesem Band).

Die hier beschriebenen Ideen zur Ermöglichung von Teilhabe sind eine Momentaufnahme und in Reflexion auf die – von uns wahrgenommenen – herrschenden Verhältnisse entstanden. Sie können nur vorläufig, provisorisch und ein unbeholfener Schritt in diese Richtung sein. Sie wollen auch nicht mehr sein, denn das permanente Hinterfragen von Normen, Macht und den daraus resultierenden Ausschlüssen braucht die ständige Neuerfindung von Praxen und Strategien, um gegen diese Machtachsen wirken zu können. Das bedeutet nicht, dass es sich nicht lohnt, etwas zu fordern, erreichen zu wollen oder überhaupt anzufangen. Vielmehr ist es die Aufforderung zur immer neuen Selbstreflektion, der Wachsamkeit und Fähigkeit, Kritik aufzunehmen, zur Bereitschaft, sich in Aushandlungen zu begeben und in Summe entsprechende Kurskorrekturen vorzunehmen.

Fazit

Das *LfA*: ein Kontrapunkt in einer Zeit, in der viele Interessen versuchen, sich der Universität zu bemächtigen. Gegen angewandte Wissenschaft und einen Bezug auf Praxis ist an sich nichts zu sagen. Die Frage ist aber, um welche Praxis es dabei geht. Verschreibt sich die Wissenschaft einer Idee von Verwertbarkeit im Rahmen kapitalistischer Akkumulation, die Marginalisierte nur noch unter der Bedingung teilhaben lassen will, dass diese dem Unternehmen Universität aufgrund ihrer Vielfalt einen quantifizierbaren Nutzen bringen? Oder wird sie zu einem Ort, in dem die Praxen der Teilhabe, der Freiheit, der Verantwortlichkeit und des füreinander Sorgens im Zentrum stehen? Wenn auch ein Trendwechsel in der Wissenschaft gerade nicht abzusehen ist: Wenn es von Leuten getragen wird, die sich gemeinsam diesem Ziel verschreiben, könnte das *LfA* sich diesem Trend beherzt entgegen stellen.

Abschließend können wir die Bedeutung des ‚für Alle' befragen. Seine Universalität ist notwendigerweise eingeschränkt. Zum einen kann das *LfA* in dieser Gesellschaft kein Ort *für Alle* sein. Es steht nicht in seiner Macht, alle Ausschlüsse zu überwinden. Zum anderen vollzieht es aber selbst einen Ausschluss, der konstitutiv ist: Das *LfA* ist nicht für diejenigen gemacht, die sich auf den Prozess des Miteinanders nicht einlassen wollen, Privilegien leugnen und sich einem kritischen Umgang damit verweigern. Das *LfA* soll kein Ort sein, wo Wissen über die Köpfe von Marginalisierten hinweg produziert wird. Wenn die Ressourcen des *LfA* begrenzt sind, und das werden sie leider sein, haben diejenigen das Vorrecht, die sich in der Universität bisher nur mit größter Anstrengung bewegen können.

Die Hoffnung, Gleichberechtigung und Chancengleichheit durch Diversity Management zu realisieren, ist für uns von vornherein zum Scheitern verurteilt. Diversity Management klammert die entscheidenden Fragen aus, indem es Hierarchien nicht ankratzt und Identitäten auf eine Weise bestärkt, die zwar kurzfristig den Anschein eines emanzipatorischen Effektes erzielen kann, Ausschlüsse letztlich aber nur verschieben wird. Dies auch, weil Ungleichheit zur Vielfalt umgedeutet wird und komplexe, intersektionale Machtanalysen ausbleiben, die für politische Bündnisse letztlich notwendig sind. Was wir dem gegenüberstellen, ist nichts Unbescheideneres als eine Utopie. Das heißt, ein materialisierter Diskurs, der bestimmte Regeln durchaus setzt, die es ermöglichen, dass sich Menschen als

Lernende begegnen und ihre Anliegen im Rahmen einer gemeinsamen, gesellschaftskritischen Wissensproduktion zur Sprache bringen und öffentlich machen können. Keine gegenwärtige Zukunft festschreibend (oder festbauend) muss das *LfA* in Verständnis, Institution und Architektur eine unabschließbare Konstruktion bleiben. Baustelle betreten erbeten, Cyborgs haften für ihre Subjektivierungen.

Literaturverzeichnis

Adamczak, Bini (2011): Gestern Morgen. Über die Einsamkeit kommunistischer Gespenster und die Rekonstruktion der Zukunft, 2. Auflage. Münster: Edition Assemblage.

Adorno, Theodor W.; Horkheimer, Max (1947): Dialektik der Aufklärung. Philosophische Fragmente. Amsterdam: Querido.

Amstutz, N. (2010): Diversity Management: theorie- und politikfern? Für Mehrstimmigkeit in der Konzeptualisierung von Diversity Management. In: Gender – Zeitschrift für Geschlecht, Kultur und Gesellschaft, 2 (2). Leverkusen: Budrich, 9-24.

Anschütz, Elisabeth (2011): Queer. In: Arndt, Susan; Ofuatey-Alazard, Nadja (Hg.): Wie Rassismus aus Wörtern spricht. (K)Erben des Kolonialismus im Wissensarchiv deutsche Sprache. Münster: Unrast, 505-516.

Bendl, Regine; Fleischmann, Alexander; Walenta, Christa (2008): Diversity management discourse meets queer theory. In: Gender in Management: An International Journal, Vol. 23, 6, 382-394.

Bernhardt, Markus (2011): Widersprüchliches Verhältnis. Wie antimuslimische Parteien zu Homosexuellen stehen. In: Yılmaz-Günay (Hg.): Karriere eines konstruierten Gegensatzes: zehn Jahre „Muslime versus Schwule". Sexualpolitiken seit dem 11. September 2001. Berlin, 181-188.

Bröckling, Ulrich; Krasmann, Susanne; Lemke, Thomas (2000): Gouvernementalität der Gegenwart: Studien zur Ökonomisierung des Sozialen. Frankfurt am Main: Suhrkamp.

Butler, Judith (1995): Körper von Gewicht. Frankfurt am Main: Suhrkamp.

The Combahee River Collective (1977): A Black Feminist Statement. In: Zillah Eisenstein (Hg.) (1978): Capitalist Patriarchy and the Case For Social Feminism, 362-372.

Crenshaw, Kimberlé (1989): Demarginalizing the Intersection of Race and Sex: A Black Feminist Critique of Antidiscrimination Doctrine, Feminist Theory and Antiracist Politics, 1989. University of Chicago Legal Forum, 139-167.

Engel, Antke (2002): Wider die Eindeutigkeit. Sexualität und Geschlecht im Fokus queerer Politik der Repräsentation. Frankfurt am Main/New York: Campus.

Foucault, Michel (1973): Archäologie des Wissens. Frankfurt am Main: Suhrkamp.

Foucault, Michel (1993): Die Ordnung des Diskurses. Frankfurt am Main: Fischer Taschenbuch Verlag.

Foucault, Michel (2006): Geschichte der Gouvernementalität – Band I und II: Sicherheit, Territorium, Bevölkerung. Die Geburt der Biopolitik. Frankfurt am Main: Suhrkamp.

Fullinwider, Robert (2011): Affirmative Action. In: Zalta, Edward N. (Hg.): The Stanford Encyclopedia of Philosophy (Winter 2011 Edition): http://plato.stanford.edu/archives/win2011/entries/affirmative-action/ (2011).

Haritaworn, Jin (2005): Am Anfang war Audre Lorde. Weißsein und Machtvermeidung in der queeren Ursprungsgeschichte. In: Femina Politica – Zeitschrift für feministische Politikwissenschaft 14 (1), 23-36.

Heidel, Ulf; Micheler, Stefan; Tuider, Elisabeth (2001): Jenseits der Geschlechtergrenzen. Sexualitäten, Identitäten und Körper in Perspektiven von Queer Studies. Hamburg: MännerschwarmScript.

Kanter, Rosabeth Moss (1977): Some Effects of Proportions on Group Life: Skewed Sex Ratios and Responses to Token Women. In: American Journal of Sociology 82 (5), 965-990.

Köbsell, Swantje (1993): Eine Frau ist eine Frau ist eine Frau... Zur Lebenssituation von Frauen mit Behinderung. In: Barwig, Gerlinde; Busch, Christine (Hg.): Unbeschreiblich weiblich? Frauen unterwegs zu einem selbstbestimmten Leben mit Behinderung. München: AG Spak, 33-40.

Laclau, Ernesto; Mouffe, Chantal (1987): Post Marxism without Apologies. In: New Left Review, 27. Jahrgang, 1987, Bd. 166, 79-106.

Landwehr, Achim (2001): Geschichte des Sagbaren. Einführung in die historische Diskursanalyse. Tübingen: ed. diskord.

Lembke, Ulrike (2012): Diversity als Rechtsbegriff. Eine Einführung. In: Rechtswissenschaft. Zeitschrift für rechtswissenschaftliche Forschung, 3. Jahrgang, 2012, Bd. 1, 46-76.

Lemke, Thomas (2001): Zurück in die Zukunft? – Genetische Diagnostik und das Risiko der Eugenik. In: Graumann, Sigrid (Hg.): Die Genkontroverse. Grundpositionen, Freiburg im Breisgau: Herder, 37-44: http://www.nadir.org/nadir/aktuell/2002/05/22/10258.html (14.11.2012).

Lemke, Thomas (2007): Biopolitik zur Einführung. Hamburg: Junius.

Reiniger, Franziska; Torenz, Rona (2011): Feminismus. In: Arndt, Susan; Ofuatey-Alazard, Nadja (Hg.): Wie Rassismus aus Wörtern spricht. (K)Erben des Kolonialismus im Wissensarchiv deutsche Sprache. Münster: Unrast, 505-516.

Sarasin, Philipp (2005): Michel Foucault zur Einführung. Hamburg: Junius.

Schenk, Christian (2008): Frauenförderung, Gender Mainstreaming und Diversity Magagment. Gleichstellungspolitische Praxen im Lichte der Geschlechterforschung. In: Degele, Nina (Hg.): Gender/Queer Studies, Paderborn: W. Fink, 149-165.

Vedder, Günther (2006): Die historische Entwicklung von Diversity Management in den USA und in Deutschland. In: Krell, Gertraude; Wächter, Hartmut (Hg.): Diversity Management – Impulse aus der Personalforschung. Trierer Beiträge zum Diversity Management, Band 7. München u. Mering: Rainer Hampp Verlag, 1-24.

Wagner, Dieter; Peyvand, Sepehri (1999): Managing Diversity – alter Wein in neuen Schläuchen. In: Personalführung 5/99: http://www.dgfp.de/wissen/personalwissen-direkt/dokument/76191/herunterladen (14.11.2012).

Wetterer, Angelika (2003): Gender Mainstreaming & Managing Diversity – Rhetorische Modernisierung oder Paradigmenwechsel in der Gleichstellungspolitik? In: die hochschule 2/2003, 6-27.

Woltersdorff, Volker (2003): Queer Theory und Queer Politics. In: Utopie Kreativ, 156 (10), 914-923.

Zerilli, Linda (2010): Feminismus und der Abgrund der Freiheit. Wien: Turia und Kant.

Differenz und Vielfalt

Jürgen Homann und Lars Bruhn

„Wäre Spekulation über den Stand der Versöhnung erlaubt, so ließe in ihm sich weder die ununterschiedene Einheit von Subjekt und Objekt noch ihre feindselige Antithetik sich vorstellen; eher die Kommunikation des Unterschiedenen. [...] Friede ist der Stand eines Unterschiedenen ohne Herrschaft, in dem das Unterschiedene teilhat aneinander" (Adorno 1977, 743).

Mit diesen Worten beschrieb Theodor Adorno in ungewohnter, geradezu prophetischer Weise einen quasi paradiesischen Zustand, den er den „Stand der Versöhnung" nennt. Dieser Zustand zeichnet sich dadurch aus, dass in ihm das Verschiedene miteinander versöhnt ist, ohne dass es aufhörte, verschieden zu sein oder das Verschiedene sich feindlich zueinander verhielte. Das Verschiedene steht also weder unter dem Zwang des Identischen, noch wäre die Dialektik von Identität und Nichtidentität jemals aufgehoben innerhalb einer zwanglosen, herrschaftsfreien und friedlichen „Kommunikation des Unterschiedenen", das „teil hat aneinander".

Das Adorno-Zitat steht aus zweierlei Gründen am Anfang unserer Ausführungen. Zum einen verweist es auf einen utopischen Zustand, der die Wirklichkeit überschreitet. Zum anderen bildet es den Einstieg in eine kleine Reise dessen, was die Begründer der Kritischen Theorie, ohne einen Anspruch auf Vollständigkeit zu erheben, zum Thema geschrieben haben, um danach zu fragen, ob dies für uns heute in Zeiten von Vielfalt und Inklusion noch von Bedeutung ist und welche Konsequenzen sich hieraus ergeben. Ungewöhnlich ist dieses Zitat auch deshalb, weil Adorno sich wahrscheinlich eher unfreiwillig einen Propheten hätte nennen lassen und keineswegs hätte er sich vermutlich dazu hinreißen lassen, Ratschläge zu erteilen, wie sich diese Welt verbessern ließe. Dies widerspräche auch einer entscheidenden Grundannahme der Kritischen Theorie, der zufolge es keinen richtigen Zustand gibt – alles andere ist, wie Adorno selber sagt, allenfalls erlaubte Spekulation.

Horkheimer und Adorno sind für diesen radikalen Skeptizismus hart kritisiert worden. U.a. wurde behauptet, ihre Hauptwerke seien einzig unter dem Eindruck des nationalsozialistischen Terrors entstanden und böten keinerlei Aussicht auf Lösungsansätze, ob und wie sich diese Welt überhaupt noch retten ließe. Inwiefern diese Kritik zutreffend ist oder ob sie vielmehr nicht aus einem Abwehrverhalten heraus resultiert, sich mit dem, was passiert und nach wie vor virulent ist, auseinanderzusetzen, wäre zu diskutieren sicher lohnenswert, es würde den

Rahmen unseres gesteckten Themas jedoch sprengen. Wir möchten daher damit beginnen, einige ausgewählte Aussagen aus den Hauptwerken zu gewinnen, um sie im Anschluss daran für unsere Themen Differenz, Vielfalt und Intersektionalität vor dem Hintergrund Behinderung zu betrachten. Es wird aufgezeigt werden, dass die Differenzkategorie Behinderung u.E. von fundamentaler Bedeutung ist.

1. Dialektik der Aufklärung

Horkheimers und Adornos „Dialektik der Aufklärung, Philosophische Fragmente" ist zum Ende des 2. Weltkrieges im US-amerikanischen Exil entstanden und wurde 1947 veröffentlicht. Gleich der erste Abschnitt, „Begriff der Aufklärung", beginnt mit einer düsteren Diagnose der Gegenwart: „Seit je hat Aufklärung im umfassendsten Sinn fortschreitenden Denkens das Ziel verfolgt, von den Menschen die Furcht zu nehmen und sie als Herren einzusetzen. Aber die vollends aufgeklärte Welt strahlt im Zeichen triumphalen Unheils" (DdA, 6). Aufklärung bringt nicht nur Licht ins Dunkel des vorzeitlichen Mythischen, das den Menschen vornehmlich religiöse Erklärungen für die Welt, sich selber und ihr Verhältnis zum Göttlichen lieferte. Aufklärung befreit Menschen nicht nur von Furcht und macht sie mündig. Vielmehr ist sie höchst zwiespältig: Da ihr Geltungsanspruch absolut ist, sie uns ihrerseits mindestens tendenziell ein Ganzes zu erklären und verständlich zu machen versucht, droht sie selber wiederum in einen Mythos umzuschlagen, den eben durch Aufklärung zu überwinden sie ursprünglich angetreten war (DdA, 10). Hieraus ergeben sich Perspektiven, denen zu entrinnen schier unmöglich scheint:

- Aufklärung trägt das Moment totalitärer Herrschaft in sich (vgl. DdA, 8).
- Aufklärung führt per se, und zwar selbst dort, wo sie sich dem Wohle der Menschheit verpflichtet weiß, zwangsläufig zu Entwicklungen, die höchst widersprüchlich verlaufen (vgl. DdA, 18ff).
- Wo sich Widersprüche, Gegensätze, Konflikte etc. auftun, führt dies keineswegs zu einer aufgeklärteren Gesellschaft – im Gegenteil: Die Verstärkung aufklärerischen Bemühens führt nur zu einer tieferen Verstrickung in den Mythos, den sie damit selber wiederum umso stärker verschleiert und verdrängt (vgl. DdA, 9ff.).
- Die aufgeklärte Welt ist die totalitäre, verwaltete Welt, deren Ordnung nur scheinbar ist. Tatsächlich herrschen Chaos, Repression und Unmenschlichkeit (vgl. DdA, 25f; Kultur und Verwaltung, Soziologische Schriften I, 122ff).

- Weder das einzelne Individuum noch die Kultur noch die Wissenschaft vermögen an diesen Prozessen etwas zu verändern:

  - das Individuum nicht, da es den gesellschaftlichen Zwängen hilflos ausgeliefert ist;
  - die Kultur nicht, da sie die wahren Verhältnisse propagandistisch verschleiert (vgl. DdA, 39). Auch sonst verhindert sie nicht, dass Zivilisationen in die Barbarei zurückfallen, wenn die gesellschaftlichen Bedingungen hierfür gegeben sind (vgl. ND, 359);
  - die Wissenschaft nicht, da es nicht zuletzt ihre elitären Köpfe waren, die mit kalter Berechnung an der Rampe von Auschwitz über Leben und Tod entschieden und Menschenversuche durchführten, der Wissenschaft zum Ruhme.

Erkenntnistheoretisch ergibt sich hieraus in der Summe das vernichtende Urteil, dass das Ganze das Unwahre ist, eben ein Mythos, der Ordnung bloß vortäuscht (vgl. MM, 23). Und schlimmer noch: Wenn das Ganze unwahr ist, dann ist auch Kritik als Teil des Ganzen selber unwahr. Jede Theorie muss daher (zwangsläufig) an der Analyse ihres Gegenstands scheitern; sie bleibt unzulänglich im Hinblick auf die Möglichkeit zur Erkenntnis dessen, was ist oder was sein sollte.

Kein Ausweg aus dieser Sackgasse, nirgendwo.

Indem Aufklärung per se Aufklärung verhindert und ihr Versprechen, die Beherrschung der Natur, nicht einhalten kann, sondern vielmehr selber die Entwicklung zunehmend schwerer beherrschbarer und undurchschaubarer Verhältnisse begünstigt, hat sie sich als untauglich erwiesen, (neue) Machtstrukturen zu verhindern: „Vor den Göttern besteht nur, wer sich ohne Rest unterwirft. Das Erwachen des Subjekts wird erkauft durch die Anerkennung der Macht als des Prinzips aller Beziehungen" (DdA, 9). Wenn Macht das gängige Prinzip von Beziehungen ist, dann hat dies zur Folge, dass nichts sein kann, wie es ist, sondern alles dem aufgeklärten instrumentellen Einheitsdenken, dem Mythos einer Ordnung, unterworfen wird: „Der Mythos geht in die Aufklärung über und die Natur (des Menschen und der Umwelt, Anm.) in bloße Objektivität. Die Menschen bezahlen die Vermehrung ihrer Macht mit der Entfremdung von dem, worüber sie die Macht ausüben" (DdA, 9). Die Entfremdung des Menschen von der Natur und sich selber kommt am greifbarsten zum Ausdruck in der Auslöschung des Subjekts, dessen Bedeutung auf Funktion begrenzt wird (vgl. auch Horkheimer 1997, 31): „Die Regression der Massen heute ist die Unfähigkeit, mit eigenen Ohren Ungehörtes hören, Unergriffenes mit eigenen Händen tasten zu können, die neue

Gestalt der Verblendung, die jede besiegte mythische ablöst. Durch die Vermittlung der totalen, alle Beziehungen und Regungen erfassenden Gesellschaft hindurch werden die Menschen zu eben dem wieder gemacht, wogegen sich das Entwicklungsgesetz der Gesellschaft, das Prinzip des Selbst gekehrt hatte: zu bloßen Gattungswesen, einander gleich durch Isolierung in der zwanghaft gelenkten Kollektivität" (DdA, 20). Die gelenkte Kollektivität kennzeichnet den „Fortschritt der barbarischen Beziehungslosigkeit" (DdA, 67), in der die ökonomisch abhängigen, isolierten Subjekte als Tauschobjekte sich in gegenseitiger Konkurrenz gegenüber stehen, derweil „der Druck des herrschenden Allgemeinen auf alles Besondere, die einzelnen Menschen und die einzelnen Institutionen, (...) eine Tendenz (hat), das Besondere und Einzelne samt seiner Widerstandskraft zu zertrümmern" (Adorno 1997, 51).

Wiggershaus hat die Dialektik der Aufklärung als „Philosophie des Nichtidentischen" beschrieben (vgl. Wiggershaus 2006, 32ff., vgl. Adorno 2003, 15f.). Das Einzelne, das Besondere, das Fremde, das Nicht-Identische, zumal Begriffslose, gelte es gegen den totalitären Zugriff des Einheits- und Identitätsdenkens zu verteidigen. Das Subjekt-Objekt-Verhältnis sei wesenhaft bestimmt durch einen permanenten Mangel, da sich die unmittelbare Bedeutung des Objekts, aus sich heraus, niemals erschließen lasse. Negative Dialektik kennzeichnet damit quasi den Gegenpol zur positiv besetzten Hegelschen Dialektik, sie ist „das konsequente Bewusstsein von Nicht-Identität" (ND, 17). Das Objekt (zunächst die Natur, dann der Mensch) werde entfremdet und beherrscht, auf seine Funktion beschränkt. Sollte es eine Möglichkeit geben, sich der objektimmanenten Bedeutung anzunähern, dann ginge dies nur in der radikalen Distanz, im Bewusstsein der Nicht-Identität. In ihm hat folglich nicht das Subjekt, sondern das Objekt, das Andere, den Vorrang, dessen (nichtbegriffliche) Bedeutung in eben ausschließlich dem Objekt verortet bleibt: „Der versöhnte Zustand annektierte nicht mit philosophischem Imperialismus das Fremde, sondern hätte sein Glück daran, dass es in der gewährten Nähe das Ferne und Verschiedene bleibt, jenseits des Heterogenen wie des Eigenen" (ND, 192; vgl. Wiggershaus 2001, 666ff).

Zusammenfassung

Wir möchten an dieser Stelle einen Schnitt machen und versuchen, das bisher Gesagte zusammenzufassen, um uns unserem Thema weiter anzunähern.

- Aufklärung ist das in seiner Wirkung zutiefst widersprüchliche, totalitäre Herrschafts- und Ordnungsprinzip der Gesellschaft.

- Dem Herrschafts- und Ordnungsprinzip unterworfen sind die zu bloßen FunktionsträgerInnen herabgesetzten Subjekte, auf denen „der Druck, der Zwang, sich anzupassen, immer größer geworden [ist]" und die in ihrer Ausweglosigkeit letztlich „alle jene Prozesse [...] in sich selber [...] wiederholen, die ihnen von außen angetan werden" (Adorno, zit. n. Horkheimer 1989, 124).

- Hierdurch wiederum scheint sich das Zwanghafte der Identität zu verstärken, das alles Nichtidentische zu vereinnahmen oder zu negieren versucht.

- Daher rührt bei Adorno und Horkheimer die Vorrangstellung des Objekts, des Fremden, des Anderen, des Nichtidentischen. Sie gilt es in der kritischen (Selbst-)Reflexion des Subjekts zu bedenken, so dass eine Spannung (zwangsläufig) aufrecht erhalten bleiben muss.

- Nur in dieser kritischen (Selbst-)Reflexion, in der Aufrechterhaltung der negativen Dialektik von Subjekt und Objekt, besteht die Möglichkeit, das Irrationale der Rationalität und die Repression des Individuums sichtbar zu machen.

Die kritischen Theoretiker erweisen sich also keineswegs als Feinde der Aufklärung, ganz im Gegenteil. Sie wenden sich gegen eine quasi Aufklärung, die vortäuscht, alles erklären zu können und gesellschaftlich fortwährend (re-)produziert wird. Dass Aufklärung an ihre Grenzen stößt und sich zuweilen tendenziell in ihr Gegenteil verkehrt, wird niemand ernsthaft bestreiten können – wäre dies anders, dürfte es in einer aufgeklärten Welt keinen Antisemitismus oder/und Rassismus mehr geben. Das Gegenteil ist bekanntlich der Fall, daran vermochte etwa auch die nunmehr jahrzehntelang andauernde Begegnung und Auseinandersetzung mit dem Nationalsozialismus nichts zu ändern.

In Bezug auf Behinderung führen wir jetzt einige Beispiele an, an denen u.E. das Umschlagen von Aufklärung in den Mythos deutlich wird:

- So ist die Kontinuität eugenischen Denkens über 70 Jahre nach Hadamar[39], jener hessischen Landesheilanstalt, in der zwischen 1941 und 1945 15.000 von Behinderung betroffene und psychisch kranke Menschen umgebracht wurden, ungebrochen. Wo sich die Möglichkeit bietet, gilt es auch heute, Behinderung zu vermeiden. Zuletzt ist dies etwa in der Diskussion um eine gesetzliche Regelung zur Präimplantationsdiagnostik (PID) in Deutschland deutlich geworden, in der Behinderung einmal mehr auf ein rein medizinisches Verständnis verkürzt wurde und zumeist als Unwert behandelt wird.

---

39 http://www.gedenkstaette-hadamar.de/webcom/show_article.php/_c-533/_nr-1/_lkm-57 6/i.html, Stand: 21.3.2012.

Befördert wird damit wiederum die Vorstellung oder auch der Mythos von einer leidfreien Welt, zu der von Behinderung betroffene Menschen nicht gehören.

- Die Gehörlosengemeinschaft hat in den vergangenen Jahrzehnten nichts unversucht gelassen, um den Status einer sprachlichen und kulturellen Minderheit zu erlangen, die der hörenden Mehrheitsgesellschaft in allen Belangen gleichgestellt ist. Inzwischen ist sowohl die sprachwissenschaftliche Gleichwertigkeit der Gebärdensprache hinreichend belegt und z.B. die Deutsche Gebärdensprache (DGS) seit 2002 mit § 6 Abs. 1 Behindertengleichstellungsgesetz (BGG) rechtlich als eigenständige Sprache anerkannt. Dass Gehörlosigkeit dennoch weiterhin als Behinderung im medizinischen Sinne wahrgenommen und pathologisiert wird, vermochte weder Aufklärung über DGS (Donath et al. 1996) zu verhindern, noch die Strategie, die eigene kulturelle Identität zu erhöhen und von Behinderung abzugrenzen (Lane 1995; Bruhn und Homann 2008).

- Dass es sich in heterogenen Lerngruppen erfolgreicher lernen lässt, ist dank PISA hinreichend belegt. Auch steigt das Lernniveau in schwächeren homogenen Gruppen nicht etwa an, sondern sinkt noch weiter ab (vgl. Wocken 2007, http://www.zeit.de/2007/35/B-Sonderschulen). Während Integration sich anschickte, das ausgeschlossene Nicht-Identische zur Erfüllung ihres vollen Begriffs in die Identität zurückzuholen, was ihr immer nur partiell gelang, scheint der Begriff Inklusion der Philosophie des Nicht-Identischen zu entsprechen, indem jedem einzelnen Individuum gleichwertige Einzigartigkeit bescheinigt wird. Gleichwohl mehren sich die Hinweise, dass Inklusion auch Exklusion beinhaltet, als sei Inklusion quasi eine zerfließende Mitte ohne Grenzen, in der Identität dann doch danach drängt, sich gegen das Andere abzugrenzen. Sie tauchen beispielsweise dort auf, wo im Zusammenhang mit der Umsetzung von Art. 24 der UN-Behindertenrechtskonvention (BRK) im Bereich des allgemeinbildenden Schulwesens vom „Vorbehalt der progressiven Realisierung", von der „Konkurrenz zu anderen gleichrangigen staatlichen Aufgaben" (KMK 18.11.2010, 2) die Rede ist oder im vielsagenden Hinweis, die BRK enthalte keine Aussagen darüber, wie das Schulwesen zu gliedern sei (a.a.O., 4). Wenn dann auf einer abstrakteren Ebene das Kindeswohl zur Maxime aller Pädagogik erhoben wird, um sogleich zu betonen, dass sowohl „die Rechte der Schülerinnen und Schüler mit Behinderung und die Rechte der Mitschülerinnen und Mitschüler [...] zu berücksichtigen [sind]" (a.a.O., 7), stimmt dies misstrauisch in Bezug auf die Frage nach der Verwirklichung von ‚Inklusion'. Sie darf demnach vorab legitimiert an ihre Grenzen stoßen, wo sie Probleme für das Kindeswohl aufwirft, ohne etwas darüber zu sagen, wer hier wie darüber bestimmt, was dieses Kindeswohl ist und damit der Exklusion Vorschub leistet.

- Folgerichtig hat die KMK in ihrer Empfehlung „Inklusive Bildung von Kindern und Jugendlichen mit Behinderungen in Schulen" vom 25.11.2011 sich letztlich nicht dazu durchringen können, dem Sonderschulsystem eine klare Abfuhr zu erteilen. Vielmehr seien „regionale Besonderheiten, das elterliche Wunsch- und Wahlverhalten, individuelle Bedarfe und die Gestaltungsmöglichkeiten der beteiligten Partner" (KMK 2011, 17) zu berücksichtigen im Hinblick auf die Frage, ob ein gemeinsamer Unterricht möglich sei. Der Vertreter des bayerischen Kultusministeriums, Erich Weigl, kommentierte die Empfehlung, „man schaffe mit Sicherheit keine Förderschule ab, wenn die Qualität in den Regelschulen nicht stimmt" (taz vom 30.11.2011, S. 18).

- Der Verweis des bayerischen KMK-Vertreters auf die fragwürdige Qualität der Regelschulen, ob sie in der Lage seien, von Behinderung betroffene und nicht behinderte Kinder gemeinsam zu beschulen, ist ein altbekannter Mythos, der immer dann zum Vorschein kommt, wenn Sondereinrichtungen in ihrer Legitimation und Existenz bedroht werden: Von Behinderung betroffene Menschen bedürften ‚zu ihrem Besten' solcher Einrichtungen, da die Welt noch nicht für sie bereit sei, da sie vor Diskriminierungen, Benachteiligungen etc. beschützt werden müssten usw. usf. Auf diese Weise verwandeln sich exklusive Sonderinstitutionen unvermutet zu Einrichtungen, die Inklusion ermöglichen – mit der Folge, dass tendenziell alles bleibt, wie es ist, statt Behinderung als Auswuchs gesellschaftlich konstruierter Ungleichheit und Benachteiligung zu verstehen und zu bekämpfen: „Nach der Phrase, es käme allein auf den Menschen an, schieben sie alles den Menschen zu, was an den Verhältnissen liegt, wodurch dann wieder die Verhältnisse unbehelligt bleiben" (Adorno 1997, 36).

2. Differenz und Vielfalt

Schreibt in Deutschland das Grundgesetz in Art. 3 Abs. 3 vor, dass niemand wegen seiner Behinderung benachteiligt werden darf, schafft die BRK für die Anerkennung des So-Seins von Behinderung betroffener Menschen eine menschenrechtliche Grundlage. So verlangt sie in den Allgemeinen Grundsätzen in Artikel 3d „die Achtung vor der Unterschiedlichkeit von Menschen mit Behinderungen und die Akzeptanz dieser Menschen als Teil der menschlichen Vielfalt". Sie führt damit in Bezug auf von Behinderung betroffene Menschen die Begriffe der Unterschiedlichkeit (Differenz) und Vielfalt (Diversity) auf einer menschenrechtlichen Basis ein.

a. Differenz und Identitätspolitik

Differenz wäre mit Adorno und Horkheimer grundsätzlich als das Nicht-Identische zu verstehen. Ihm gegenüber steht die Einheit des Nicht-Identischen, somit ein Ganzes. Dieses Ganze birgt in sich den Zwang zur Identität und richtet sich damit gegen die Nicht-Identität bzw. Differenz.

Hierauf macht auch Humphrey (1999, 174) aufmerksam, wenn sie Identitätspolitik als zweischneidiges Schwert bezeichnet. Einerseits stelle Identitätspolitik für unterdrückte Menschen eine unabdingbare Notwendigkeit dar: Nur so könne es gelingen, sich einen gemeinsamen Raum zusammen mit ähnlich betroffenen Menschen zu schaffen, aus dem Kraft geschöpft werden könne. Hier können die gesellschaftlichen Bedingungen, die zur eigenen Unterdrückung und Ausgrenzung führen, diskutiert und bewusst gemacht werden, um auf diese Weise schließlich gegen sie zu kämpfen, Widerstand zu leisten und für die Differenz der eigenen Identität einzutreten. Andererseits könne für unterdrückte Menschen die hieraus sich entwickelnde Identität aber auch zum ultimativen Ziel werden. Dieses Ziel wandele sich dann zu einem unentrinnbaren Grab, sobald die Tür zu potentiellen Verbündeten ebenso verschlossen wird wie zu vermeintlichen Feinden. Eine solche Identitätspolitik, die die eigene Differenz absolut setzt, ersticke dann an einem nach innen gewandten Nationalismus und Territorialismus.

Mit Blick auf Selbsthilfegruppen von Behinderung betroffener Menschen beschreibt Richarz (2003, 46) diese Gefahr der Identitätspolitik ganz ähnlich: „Leicht kann [...] an die Stelle der Nähe aufgrund gemeinsamer Erfahrung die Verbündung gegen einen vermeintlichen gemeinsamen Außenfeind treten. Ohne es zu merken, wird die Spaltung in behindert und nicht-behindert, die zu vollziehen den Nicht-Behinderten vorgeworfen wird, aus anderen Gründen auf einmal als sinnvoll verteidigt."

Derartige Tendenzen sind auch in Teilen der kulturellen Gehörlosengemeinschaft zu erkennen. Vollhaber (2011, 507) kritisiert hier sehr scharf „die Ideen und Konzepte der gehörlosen Vertreter der Deaf Studies und des von ihnen propagierten Essenzialismus, der in der Gehörlosigkeit so etwas wie eine ethnische Identität erkennt". Mit der Problematik einer Konzeption von gehörlosen Menschen als ethnischer Minderheit setzt sich Davis (2007) auseinander und weist darauf hin, dass in der Folge Menschen ausgegrenzt werden: Schwerhörige Menschen, solche, die das Lippenlesen statt Gebärden gelernt hätten, hörende Kinder gehörloser Erwachsener, Gehörlose, die unter den Bedingungen von Armut oder mangels entsprechender Angebote nie die Chance hatten, Gebärden zu lernen, Gehörlose mit körperlichen Beeinträchtigungen, die ihnen das Gebärden schlicht unmöglich machen.

Identitätspolitik als Aufklärung unterdrückter Menschen verstanden, die ihnen Selbstbewusstsein und Selbstwertschätzung ermöglichen, sie zur Mündigkeit befähigen soll, kann sich schließlich als ein Weg erweisen, der zu erneuter Unterdrückung und Ausgrenzung führen kann, sobald die Differenz dem Zwang zur Identität unterworfen wird.

Die genannten Beispiele verdeutlichen, warum die von Adorno und Horkheimer geforderte Vorrangstellung der Nicht-Identität resp. Differenz sich fortwährend dem Zwang zur Identität widersetzen muss. Dabei gilt es, beständig Strategien entgegenzuwirken, die Nicht-Identität resp. Differenz diskreditieren, ignorieren, vereinnahmen, funktionalisieren, ihr einen essentiellen, biologischen Kern unterstellen oder das Ziel verfolgen, sie auszulöschen. Dies ist nach Adorno ein unabschließbarer Prozess mit dem (utopischen) Ziel „eines Unterschiedenen ohne Herrschaft, in dem das Unterschiedene teilhat aneinander".

b. Vielfalt und die Medizinisierung von Behinderung

Dieses Ziel, das Adorno beschreibt, können wir als das verstehen, was mit Vielfalt bezeichnet wird. In der Vielfalt ist alles Differente in Friede vereint, die Versöhnung von Unterschiedenem, das aneinander teilhat. Adorno weist dieses Ziel jedoch gleichzeitig als reine Spekulation aus. Wir möchten behaupten, dass allein mit Blick auf Behinderung selbst diese Spekulation schon sehr gewagt ist.

So stellt Davis (2012) für die USA fest, dass sich seit Inkrafttreten des Americans with Disabilities Act (ADA), des US-amerikanischen Antidiskriminierungsgesetzes, im Jahre 1990 zwar rechtlich etwas verändert habe, die akademische Kultur bzgl. von Behinderung betroffener Menschen jedoch nicht. Anthologien zu Diversity etwa befassten sich zwar mit Rasse, Geschlecht, mitunter auch mit sozialer Klasse – mit Behinderung aber meistens nicht. Davis (1995; 2011) berichtet von eigenen Erfahrungen als Lehrstuhlinhaber an Universitäten, dass in Diskussionen etwa mit People of Colour Behinderung als eigenständige Ungleichheitskategorie neben Rasse, Geschlecht und Klasse zurückgewiesen wurde. In einem Fall sei sogar die Festanstellung eines Kollegen in Frage gestellt worden, weil dieser eine Parallele zwischen Behinderung und Rasse behauptet hatte. Auch werde die Gefahr unterstellt, dass Behinderung den Sinn von Vielfalt verwässere, indem es das Ziel der Wertschätzung untergrabe und der Vereinzelung von Interessen Vorschub leiste.

Neben dem, dass der Diskurs der Vielfalt dazu neige, finanzielle Ungleichheit zu kaschieren, kritisiert Davis (2012), dass Vielfalt zwar die Vorstellung einer normalen Ethnizität zurückweise, eine Vorstellung von Normalität im medizinischen Sinne jedoch beibehalte. Hieraus wiederum resultiere dann, dass Behinderung kein Teil von Vielfalt sein könne und sogar als kontraproduktiv dargestellt werde. Er kommt daher zu dem Schluss, dass Behinderung wie eine Antithese zu Vielfalt sei. Hier komme unverändert ein medizinisches Verständnis von Behinderung zum Tragen: Körperliche, kognitive gleichwie affektive Beeinträchtigungen würden in einem neoliberalen Diskurs der Vielfalt nicht berücksichtigt. Sie seien vielmehr „narzisstische Wunden im neoliberalen Glauben an das freie und autonome Subjekt" (Davis 2012, 122). Behinderung stellt demzufolge eine Gefahr für die Ordnung der Vielfalt dar. Oder mit Engel (2008, 18) ausgedrückt: „[Der behinderte] Körper ficht auch in radikaler Weise Konzepte der Universalisierbarkeit und Gleichheit an und wird ‚unheimlich', wenn er die Forderung stellt, individuelle Besonderheit und singuläre Existenz anzuerkennen". Dies soll auch ein anschließender Exkurs verdeutlichen, der aufzeigt, wie die Universität Hamburg Disability im Diversity-Diskurs auf ihrer Website bis 2012 verortete.

3. Exkurs: Diversity Management am Beispiel der Universität Hamburg

Unter der Schirmherrschaft von Bundeskanzlerin Merkel begründeten namhafte Unternehmen in Deutschland im Dezember 2006 die „Charta der Vielfalt". Die Charta der Vielfalt ist aus dem Willen zum Umgang mit gesellschaftlichen Veränderungen infolge von Globalisierung und demografischem Wandel hervorgegangen. Ausgehend von einem rein wirtschaftlichen Interesse verspricht die Charta wirtschaftliche Vorteile von der (Aus-)Nutzung vielfältiger Potenziale. Sie soll daher die Vielfalt in Unternehmen mit Blick auf deren Belegschaft, KundInnen sowie GeschäftspartnerInnen fördern: „Die Initiative will die Anerkennung, Wertschätzung und Einbeziehung von Vielfalt in der Unternehmenskultur in Deutschland voranbringen. Organisationen sollen ein Arbeitsumfeld schaffen, das frei von Vorurteilen ist. Alle Mitarbeiterinnen und Mitarbeiter sollen Wertschätzung erfahren – unabhängig von Geschlecht, Nationalität, ethnischer Herkunft, Religion oder Weltanschauung, Behinderung, Alter, sexueller Orientierung und Identität."

Inzwischen haben sich der Charta der Vielfalt mehr als 1100 Unternehmen und Institutionen angeschlossen. Die Universität Hamburg beispielsweise unterzeichnete sie 2008. Auf der Website der Universität Hamburg werden sieben Diversity-Dimensionen für Studierende und Beschäftigte genannt: Gender, Alter, Elternschaft, Ethnische Herkunft, Gesundheit, Sexualität und Religion. In diesen Dimensionen finden sich wiederum „Initiativen von Diversity Management", wobei es möglich ist, dass Initiativen mehreren Dimensionen zugeordnet sein können – so z.B. die Initiative AG Queer Studies der Dimension Gender gleichwie der Dimension Sexualität. Einzig in der Dimension Gesundheit finden sich beispielsweise die Servicestelle zur studienorganisatorischen Unterstützung gehörloser und hörgeschädigter Studierender an Hamburger Hochschulen (STUGHS), die Interessengemeinschaft der Deaf studentInnen (iDeas), das Institut für Deutsche Gebärdensprache und Kommunikation Gehörloser (IDGS). Das Zentrum für Disability Studies (ZeDiS) ist ebenfalls nur in der Dimension Gesundheit aufgelistet.

In der Dimension Gesundheit sind insgesamt folgende Gruppen vereinigt: Zum einen Behinderte, chronisch Kranke, psychisch Kranke, Hörgeschädigte, Gehörlose, Süchtige, zum anderen Fachleute zu ihrer Beratung und Gesundheitsförderung sowie der Betriebsarzt und ein Arbeitsschutzausschuss.

Zwar muss gesehen werden, dass Behinderung in der siebendimensionalen Ordnung des Diversity Managements der Universität Hamburg vorkommt. Dennoch darf sicher behauptet werden, dass sich hierin ein eindimensionales medizinisches Verständnis von Behinderung ausdrückt, das gezielt jene aussortiert und ihre Abweichungen naturalisiert, die so, wie sie sind, vor allem der Beratung und Therapie mit dem Ziel Gesundheit bedürfen oder hierfür stehen. Die jahrzehntelangen Kämpfe und Bemühungen etwa der kulturellen Gehörlosengemeinschaften um die Anerkennung von Gebärdensprachen als vollwertige Sprachen und die Abgrenzung von einem medizinischen Verständnis von Gehörlosigkeit als Behinderung, ja, selbst das soziale Verständnis von Behinderung im Sinne der UN-BRK scheinen nichts daran ändern zu können, dass Behinderung letztlich wiederholt auf ein individuelles, biologisches Problem reduziert wird.

Einmal mehr verwandelt sich auf diese Weise „Inklusion" zu fortbestehender Exklusion. Titchkosky (2010; 2011) bezeichnet dies als „die Inkludierung von Behinderung als exkludierbaren Typus". Das Ziel in Bezug auf Behinderung besteht nämlich darin, Behinderung(en) durch Gesundheitsförderung sowie Beratung und Information zu Barrierefreiheit und Nachteilsausgleichen zu beseitigen, so dass Behinderung verschwindet. Aus von Behinderung betroffenen Menschen sollen 'normale' Menschen werden.

Anders als Fensterputzen wird Behinderung damit nach wie vor nicht als selbstverständlicher Teil im Leben von uns allen betrachtet. Behinderung erscheint nicht als ein Problem, das die bestehenden Verhältnisse in Frage stellen könnte. Insofern es beherrschbar ist, sorgen Lösungen im verwalteten, universitären Betrieb dafür, es verschwinden zu lassen, es unsichtbar zu machen und die Ordnung aufrecht zu erhalten. Behinderung als Differenz wird damit zu einer Form gegenwärtiger Abwesenheit (*present absence*), wie Titchkosky (2010; 2011) es nennt, – zwar nicht ganz abwesend, aber auch nicht gegenwärtig, also etwas, das nicht berücksichtigt werden muss, dessen Nicht-Anerkennung und Nicht-Berücksichtigung daher als gerechtfertigt erscheint, wo Behinderung ein (noch) nicht beherrschbares Problem darstellt. Behinderung ist dann etwas, das bis jetzt „noch nicht" (*not yet*) wahrgenommen oder mangels Ressourcen berücksichtigt wird. Letztlich wird Behinderung dann wieder zu einem individuellen Problem.

Inklusion kann unvermittelt zu Exklusion gerinnen, so dass sich trotz bürokratischen Managements und Einführens neuer Regelungen und Verfahrensweisen etwa im Umgang mit von Behinderung betroffenen Beschäftigten die tatsächliche Situation kaum oder gar nicht verändert. Titchkosky (2010; 2011) führt hier als Beispiel den seit vielen Jahren nahezu unveränderten Anteil von Behinderung betroffener Beschäftigter am Personal der Universität Toronto in Kanada an, an der sie Lehrstuhlinhaberin ist.

4. Intersektionalität und Behinderung als notwendige Grundkategorie

Zu keiner Zeit, so hat es den Anschein, wussten wir mehr über die Welt als heute – und dennoch hat die Dialektik der Aufklärung nichts an Aktualität eingebüßt. Sie begründet unseres Erachtens, dass Behinderung als Kategorie für Diversity-Konzepte und Forschung zu sozialer Ungleichheit grundsätzlich von zentraler Bedeutung sein muss, um das Unwahre des Ganzen immer wieder neu aufzudecken und der Mythenbildung entgegenzuwirken.

Dem Konzept der Intersektionalität, das seit den 1980er Jahren zunehmend an Einfluss gewonnen hat, um Verschränkungen von Ungleichheitskategorien aufzuzeigen, käme hier besondere Bedeutung zu. Neben allen anderen Ungleichheitskategorien wie Race, Class und Gender muss Behinderung als zusätzliche, alle Lebensverhältnisse durchkreuzende Kategorie, als ‚Achse der Teilhabe' im Sinne eines „Denkens vom Letzten her" (Klaus Dörner) berücksichtigt werden. D.h. eben nicht einfach nur daneben, denn dies ist es ja auch, was mit Intersektionalität an Vielfalt kritisiert wird: Wir sind nicht einfach nur Mann, Frau, weiß, schwarz, gehörlos, hörend, heterosexuell oder homosexuell und was auch immer. Wir sind vieles davon zur gleichen Zeit.

Oder mit Titchkosky (2010; 2011) gesagt: „Wir können Disability Studies als etwas verstehen, das als Antwort auf die selbstverständliche normative Ordnung auftritt und eine Form, diese zu thematisieren". Nicht zuletzt würde hiermit auch der Umsetzung der UN-BRK Rechnung getragen, die die Vertragsstaaten zu einem „durchgängigen Gender Mainstreaming und gleichzeitig zu einem Disability Mainstreaming bei allen politischen Konzepten und Programmen [verpflichtet]" (Arnade 2010, 233).

5. Schluss

„Aufgabe von Kunst heute ist es, Chaos in die Ordnung zu bringen" (MM, 143). Mit diesem Ausspruch erteilte Adorno zwar nicht der Kunst als solche die Absolution, quasi immun zu sein gegen den Zugriff einer vollends aufgeklärten, verwalteten Welt. Sie ist und bleibt vielmehr ein Teil von ihr, wie umgekehrt alles künstlerisch Produktive sich nur aus ihr heraus zu entfalten vermag (vgl. Adorno 1970, 303). Gleichwohl besitzt sie das kritische Potential zur Überschreitung der Wirklichkeit und somit vermag sie in Anlehnung an Ernst Blochs Begriff der konkreten Utopie auch auf die Möglichkeit des noch-nicht-Seienden hinzuweisen. Ohne jetzt zum Abschluss auf Adornos Ästhetische Theorie und auf Blochs Utopie-Begriff noch näher eingehen zu wollen, ist der Vergleich zu Behinderung augenscheinlich: Im Unterschied zu anderen Ungleichheitskategorien ist Behinderung das, was nicht gewertschätzt wird, was es möglichst unsichtbar zu machen oder zu beseitigen gilt. Behinderung ist ein Störfaktor der Ordnung in der Vielfalt. Gerade dies aber ist das fundamentale Potential von Behinderung, nämlich die scheinbare Ordnung von Vielfalt, die ein Mythos ist, immer wieder zu stören, sie unablässig zu hinterfragen. Nur Behinderung als das Nicht-Identische, als Antithese, vermag Chaos in diese Ordnung und damit altgewohnte Privilegien zum Einsturz zu bringen, wodurch wir uns Adornos anfangs zitierten „Stand der Versöhnung" annähern könnten – wenn denn Spekulation, und dies bedeutete Teilhabe, erlaubt wäre. Ein „Lehrhaus für Alle" muss daher als eine fortwährend instabile Konstruktion gebaut werden, deren Fundament die federführende Teilhabe von Behinderung betroffener Menschen ist.

Literaturverzeichnis

Adorno, Theodor W.; Horkheimer, Max (1969): Dialektik der Aufklärung, Philosophische Fragmente: http://offene-uni.de/archiv/textz/textz_phil/dialektik_ aufklaerung.pdf, (21.03.2012) (im Text gekennzeichnet als DdA).

Adorno, Theodor W. (1951): Minima Moralia, Reflexionen aus dem beschädigten Leben: http://offene-uni.de/archiv/textz/textz_phil/minima_moral.pdf (21.03.2012) (im Text gekennzeichnet als MM).

Ders. (1970): Ästhetische Theorie: http://www.revalvaatio.org/wp/wp-content/ uploads/adorno-Æhetische-theorie.pdf (26.02.2013).

Ders. (1977): Zu Subjekt und Objekt. In: Gesammelte Schriften. Bd. 10.2., 741-758. Frankfurt am Main.

Ders. (1969): Marginalien zu Theorie und Praxis, Die Zeit Nr. 33 vom 15.08.1969: http://www.zeit.de/1969/33/marginalien-zu-theorie-und-praxis (21.03.2012).

Ders. (1975): Negative Dialektik. Frankfurt am Main.

Ders. (1997): Erziehung nach Auschwitz. In: Ders.: „Ob sich nach Auschwitz noch leben lasse", Ein philosophisches Lesebuch; Herausgegeben von Rolf Tiedemann. Frankfurt am Main, 48-66.

Ders. (2003): Vorlesung über Negative Dialektik, Herausgegeben von Rolf Tiedemann. Frankfurt am Main.

Bruhn, Lars; Homann, Jürgen (2008): Zentren der Ausgrenzung, Anmerkungen zur Bedeutung von Disability in Deaf Studies. In: DAS ZEICHEN 79/2008. Hamburg, 232-239.

Davis, Lennard J. (1995): Enforcing Normalcy, Disability, Deafness, and the Body. London, New York.

Ders. (2007); Deafness and the Riddle of Identity. In: Chronicle of Higher Education: http://www.lennarddavis.com/downloads/deafnessandtheriddle.pdf (11.05.2011).

Ders. (2012); Warum wird Behinderung aus dem Diversitäts-Diskurs ausgeklammert?, In: DAS ZEICHEN, Nr. 90/12, 122f.

Donath, Peter; Hase, Ulrich; Prillwitz, Sigmund; Wempe, Karin (1996): Eine Minderheit verschafft sich Gehör, Textdokumentation zur Anerkennung der Gebärdensprache. Hamburg.

Erevelles, Nirmala (1996): Disability and the Dialectics of Difference. In: Disability & Society, Volume 11, Issue 4, 519-538.

Horkheimer, Max (1989): Gesammelte Schriften, Band 13: Nachgelassene Schriften 1949-1972. Frankfurt am Main: http://www.sozialekompetenz.org/ KuWiThemen/wp-content/uploads/2010/ 07/Adorno-Horkheimer-Kogon_Die-verwaltete-Welt.pdf (21.02.2013).

Ders. (1997): Zur Kritik der instrumentellen Vernunft. Frankfurt am Main.

Humphrey, Jill C. (1999): Disabled People and the Politics of Difference. In: Disability & Society, Volume 14, Issue 2, 173-188.

Lane, Harlan (1995): Constructions of Deafness. In: Disability & Society, Volume 10, Issue 2, 171-189.

Richarz, Bernhard (2003): Behinderung als Trauma, Über die Verleugnung, die Ausgrenzung und die Ausmerzung abweichender Körperlichkeit: In: Hermes, Hermes; Köbsell, Swantje (Hg.); Disability Studies in Deutschland, Behinderung neu denken!, Dokumentation der Sommeruni 2003. Kassel, 42-50.

Storbeck, Claudine/Magongwa, Lucas (2008): Gehörlosenkultur unterrichten. In: DAS ZEICHEN, Nr. 78/08, 60-71.

Taguieff, Pierre-André (1998): Die ideologischen Metamorphosen des Rassismus und die Krise des Antirassismus. In: Uli Bielefeldt (Hg.): Das Eigene und das Fremde, Neuer Rassismus in der Alten Welt?. Hamburg, 221-268.

Ders. (2000): Die Macht des Vorurteils, Rassismus und sein Double. Hamburg.

Titchkosky, Tanya (2010): The Not-Yet-Time of Disability in the Bureaucratization of University Life, in: Disability Studies Qurterly Vol 30, No 3/4: http://dsq-sds.org/article/view/1295/1331 (19.01.2012).

Vollhaber, Tomas (2011): In Leder u☐ber den Campus, Anmerkungen zu den performativen Studiengängen Disability Studies und Deaf Studies. In: DAS ZEICHEN, Nr. 89/11, 500-513.

Wiggershaus, R. (2001): Frankfurter Schule, Geschichte, Theoretische Entwicklung, Politische Bedeutung, 6. Aufl. München.

Ders. (2006): Theodor W. Adorno, 3., überarb. und erweit. Aufl. München.

Wocken, Hans (2007): Gefangen im Schonraum, DIE ZEIT, 23.08.2007 Nr. 35: http://www.zeit.de/2007/35/B-Sonderschulen (27.03.2012).

Gleichstellungspolitik 2020: Standpunkt inclusive

Martina Spirgatis

Zwei Episoden

Zu Beginn meines Beitrags möchte ich von/über zwei Episoden berichten, die ich in den letzten Wochen jenseits universitärer Zusammenhänge erlebt habe.

Zur ersten Episode: Es ist einige Wochen her. Mitgliederversammlung eines Ortsverbands von BÜNDNIS 90/DIE GRÜNEN. Die Mitglieder sammeln Themen für Vorträge und Veranstaltungen. Bodo (der in Wirklichkeit nicht so heißt), ein Familienvater, schlägt eine Informationsveranstaltung zum Thema „Inklusion" vor. Zur Begründung sagt er: „Es ist ganz wichtig, dass solche Kinder endlich in die normalen Schulen kommen. Unsere Kinder können im Umgang mit ihnen so viel lernen. In der Klasse meines Sohnes ist seit einiger Zeit ein behindertes Kind. Und seitdem bemerke ich an meinem Sohn ein viel besseres Sozialverhalten."

Neben mir sitzt Inge (die im richtigen Leben auch nicht so heißt). Inge sagt dazu: „Ich arbeite in einer Behinderteneinrichtung. Inklusion finde ich ganz wichtig. Denn von diesen Menschen hat man so viel. Bei uns lebt eine junge Frau im Rollstuhl. Die kann nicht sprechen und schreit oft und laut – aber wenn sie mal lacht, dann ist das so ansteckend, da lachen alle mit. Sie bereichert einfach unser Leben."

Die zweite Episode: Vor wenigen Tagen. Arbeitstreffen einer „Arbeitsgemeinschaft Bildung", auch diesmal von BÜNDNIS 90/DIE GRÜNEN. Beteiligt sind Menschen, die sich professionell mit Bildung beschäftigen, an Schulen, an Hochschulen, im Bildungsministerium des Landes. Sie sammeln Diskussionsthemen für die nächste Sitzungsrunde. Zwei Teilnehmer*innen regen das Thema „Inklusion" an. Gaby (die im wirklichen Leben...) erläutert: „Ich glaube nicht, dass es wirklich was bringt, wenn wir die jetzt alle in die Regelschule stopfen." Nach der Sitzung spreche ich Gaby auf diese Bemerkung an: „‚Inklusion', – sage ich – „zielt doch gerade auf die Freiheit der Wahl..." und will ergänzen „... für Menschen mit Beeinträchtigung", da fällt sie mir ins Wort: „Ja, genau. Die Lehrer müssen wählen können, ob sie solche Kinder aufnehmen. Aber so kriegen die auf einmal zehn solche Kinder dazu und können sich nicht dagegen wehren. Ein Kind ginge ja noch, aber gleich zehn!?"

Andreas (der nicht...) begründet seinen Vorschlag: „Wir müssen einmal ernsthaft darüber nachdenken, ob ‚Inklusion' den davon betroffenen Menschen wirklich so viel bringt wie erhofft." Als ich erwidere, von „Inklusion" sei nach meinem Verständnis die Gesellschaft als Ganzes „betroffen", schaut er mich etwas irritiert an.

Was eint die Menschen, von denen hier die Rede ist? Sicher das Anliegen, die Welt ein klein wenig besser zu machen. Allerdings auch etwas anderes: Ihr Reden *über* von Behinderung betroffene Menschen bleibt – nach aller Aufklärung und trotz aller Redlichkeit – auch im Kontext der Inklusionsdebatte tendenziell vereinnahmend („unsere Kinder können im Umgang mit ihnen so viel lernen") oder bevormundend („wir müssen ernsthaft darüber nachdenken, ob ‚Inklusion' den davon betroffenen Menschen wirklich so viel bringt"). Dazu später mehr.

Zur Lage aktueller Gleichstellungspolitiken – das Beispiel der Frauen

Es war 1980 die damals von Helmut Schmidt geführte Bundesregierung, die die UN-Frauenrechtskonvention („Convention on the Elimination of Discrimination against Women", kurz CEDAW) unterschrieb. Alle vier Jahre überprüft seither der UN-Frauenrechtsausschuss, ob die beteiligten Staaten dieses Abkommen tatsächlich umsetzen. Im bislang letzten Bericht von 2009 kritisiert der Ausschuss, dass die Bundesregierung, zwischenzeitlich unter der Führung von Angela Merkel, kaum aktive Maßnahmen ergreife, um der Diskriminierung von Frauen zu begegnen. Zwar werden Elterngeld, Vätermonate, Kita-Ausbau und auch das Allgemeine Gleichbehandlungsgesetz (AGG) positiv bewertet, es fehle aber an „proaktiven Maßnahmen", besonders auf dem Gebiet der Arbeitsmarktpolitik und der Wirtschaft allgemein. Entgegen der Zusage, „Gender Mainstreaming einzuführen, die Maßnahmen zu beobachten und Sanktionen zu verhängen, wenn sie nicht erfüllt werden", baue die Regierung dafür erforderliche Arbeitsstrukturen eher ab. Um die Durchsetzung der Gleichstellung der Geschlechter in Deutschland deutlich zu beschleunigen, fordert der Ausschuss die Festlegung konkreter Ziele wie Quoten und Zeitpläne.

In einer Pressemitteilung des Deutschen Instituts für Menschenrechte vom 07. März 2012 (!) heißt es: „Das ... Institut ... sieht weiterhin erheblichen Handlungsbedarf bei der Gleichstellung von Frauen und Männern in Deutschland und fordert ... Bund und Länder auf, die Empfehlungen des UN-Frauenrechtsausschusses systematisch umzusetzen." Beate Rudolf, Direktorin des Instituts, konstatiert in dieser Pressemitteilung: „Auch 2012 sind Frauen in vielen Lebensbereichen, etwa auf dem Arbeitsmarkt, im Steuer- oder Scheidungsrecht, noch immer nicht gleichberechtigt. Die Feststellungen des UN-Frauenrechtsausschusses aus dem Jahr 2009 sind weiterhin gültig, seine Empfehlungen aber überwiegend folgenlos geblieben. Der Gleichstellungsbericht der Bundesregierung aus dem vergangenen Jahr enthält gute Lösungsansätze. Insbesondere zeigt er auf, wo das geltende Recht zur Folge hat, dass Frauen in ihrer Freiheit eingeschränkt werden, ihr Leben nach eigenen Vorstellungen zu gestalten. ... Die Erkenntnisse des Gleichstellungsberichts werden aber nicht systematisch von den zuständigen Ministerien und Parlamentsausschüssen in Bund und Ländern aufgegriffen." Die Mitteilung schließt mit dem Satz: „Bei der Umsetzung müsse auch die Empfehlung des UN-Frauenrechtsausschusses berücksichtigt werden, verstärkt die Lebenslagen von Migrantinnen, Frauen mit Behinderungen, Alleinerziehenden und alten Frauen einzubeziehen."

In einem Satz: Trotz aller Gesetzesänderungen, Förderprogramme, Quoten und Quotendiskussionen und trotz der Sisyphusarbeit der Frauen- und Gleich-stellungsbeauftragten allerorten bleiben echte *Strukturveränderungen Mangel-ware.*

Vor diesem Hintergrund sind meines Erachtens ernste Zweifel angebracht, ob der Umsetzung der UN-Behindertenrechtskonvention mit dem Instrument des Disability Mainstreaming größerer Erfolg beschieden sein wird als der Umsetzung der UN-Frauenrechtskonvention mit dem Mittel des Gender Mainstreaming – zumal, wenn dies auf getrennten Wegen versucht wird. Mehr noch: Ich habe Zweifel, ob die dahinter stehende Absicht, „Gleichstellung" erreichen zu wollen, überhaupt richtig oder gar möglich ist. Mir scheint, die Orientierung am Ziel „Inklu-sion" verspricht mehr Chance auf Wandel – und zwar für alle gegenwärtigen Gleichstellungspolitiken. Warum, möchte ich Ihnen in der Folge gern skizzieren.

Spannungsfeld: Gleichstellung zwischen Diversity und Intersektionalität

Der letzte Satz der zitierten Pressemitteilung gibt uns einen guten Hinweis auf das Spannungsfeld, in dem sich Gleichstellungspolitiken – nicht nur der Geschlechter – aktuell bewegen. Denn Gleichstellungspolitiken haben es von ihrer theoreti-schen Fundierung und Rechtfertigung her zunehmend schwer. In den 80er/90ern gab es noch vermeintlich eindeutige Zielgruppen (insb. *Frauen* und *Behinderte*) und damit gleichsam Alleinstellungsmerkmale. Heutzutage findet sich eine „theo-retisch reflektierte Gleichstellungspolitik" (Knapp) sozusagen eingeklemmt zwi-schen Diversity (dem englischen Wort für Vielfalt) und Intersektionalität (von ‚intersection', dem englischen Wort für Kreuzung):

Diversity-Ansätze – ich streife das hier nur – betrachten Unterscheidungsmerk-male von Menschen(-Gruppen). Sie betonen die Vielfalt und Verschiedenheit der in einer Gesellschaft lebenden Menschen, ihren Wert und ihr Potenzial für kultu-relle, soziale sowie gerade auch ökonomische Entwicklungen. Von Barbara Neu-kirchinger haben wir am heutigen Vormittag viel über die Probleme eines tenden-ziell apolitischen Diversity-Managements erfahren. Es ist insbesondere die Behauptung einer im Grundsatz gleichberechtigter Vielfalt – selbst im deutschen Antidiskriminierungsrecht, dem AGG –, die auf Kritik stößt: „Mit symmetrischen

Regeln wird Wirklichkeit aus der Sicht derer konstruiert, deren Leben nicht in erster Linie durch Diskriminierung geprägt ist. ... So wird Differenz – und oft auch Diversität – gesagt, wo über Rassismus, Sexismus etc. gesprochen werden sollte." (Baer 2009: 5f.)

Intersektionalitäts-Ansätze nehmen Ungleichheits- und Ausgrenzungserfahrungen und deren Gleichzeitigkeiten und Verschränkungen in den Blick. Intersektionalitäts-Ansätze haben in der Regel einen diskriminierungskritischen Ansatz. Sie wollen die Gründe für Ausgrenzungserfahrungen von Menschen begreifen, um künftig Ausgrenzung möglichst zu verhindern. Weil sie dabei verschiedene Ungleichheiten zusammen denken, erschweren sie die Fokussierung auf eindeutige Gruppen beziehungsweise Identitäten.

,Intersektionalität' verweist darauf, dass ein Mensch niemals nur *ein* Merkmal aufweist und also nicht nur über ein Merkmal wahrgenommen wird oder werden müsste. Ein Mensch *hat* einen so oder so beschaffenen Körper, eine Hautfarbe, ein Alter, besitzt Fähigkeiten, stammt von irgendwo her ... und vieles mehr. Solche Merkmale oder Eigenschaften treten in den Menschen in unterschiedlichsten Kombinationen auf.

Merkmale und Eigenschaften werden zu Unterscheidungsmerkmalen, zu *Differenzkategorien*, wenn sie mit Bedeutung *aufgeladen* werden, also eine Wertigkeit bekommen, und wenn sie als *Zuschreibung* oder *Markierung*, also als Behauptung, was den jeweiligen Menschen besonders kennzeichnet, auf diesen Menschen gleichsam zurückfallen.

Von da an reden wir – wertend, längst nicht mehr beschreibend – über *Geschlecht, Alter, ethnische/soziale Herkunft* – und in einem landläufigen Sinne auch über *Behinderung*. Wertigkeit bedeutet hier aber keineswegs „Gleich-Wertigkeit". Vielmehr sind Differenzkategorien Ergebnis *und* Ausgangspunkt von Über- und Unterordungsverhältnissen – das heißt Machtverhältnissen. Diese bewegen sich insbesondere entlang der Differenzlinien Geschlecht, Ethnizität und Klasse (resp. *gender, ethnicity/race* und *class)*; Winker/Degele (2010: 39) ergänzen die Differenzkategorie *Körper*.

Differenzlinien „strukturieren" Unterdrückung, denn es geht um nichts anderes als um „die ungleiche Verteilung von Chancen, Ressourcen, Anerkennung, die eben nicht willkürlich oder gar zufällig, sondern historisch gewachsen tief in gesellschaftliche Strukturen eingeschrieben ist [und] die Privilegien der Normalität sichern" (Baer 2009: 4). Menschen, die in derartigen Machtkonstellationen eine oder mehrere jener Zuschreibungen erfahren, welche von anderen gering geachtet werden, machen „im sogar empirisch nachweisbaren Regelfall" (Baer 2009: 4) öfter als andere Ausgrenzungs- und Abwertungs-, mithin Diskriminierungserfahrungen. Verschränken sich mehrere solcher Zuschreibungen, droht, was Fachleute *Mehrfachdiskriminierung* nennen. Darauf hebt die UN-Frauenrechtskommission ab, wenn sie fordert, „verstärkt die Lebenslagen von Migrantinnen, Frauen mit Behinderungen, Alleinerziehenden und alten Frauen einzubeziehen".

Diskriminierung auf der einen Seite bedeutet Privilegierung auf der anderen.

Anders gesagt: Der Nachteil der einen ist immer der Vorteil der andern. Mehrere Differenzmerkmale können, müssen aber nicht in einer Person zusammenfallen. Intersektionale Betrachtungen zeigen: Je nachdem, welche Differenzkategorie wir betrachten, finden wir verschiedene Mehrheiten/Minderheiten, verschiedene Betroffenen*gruppen*, verschiedene Diskriminierte, verschiedene Privilegierte. *Frau* sein bedeutet in manchen Situationen durchaus: im Vorteil gegenüber anderen zu sein – etwa, wenn die Zuschreibung *Frau* zusammenfällt mit *weiß, gesund, reich*... Demgegenüber bedeutet die Zuschreibung *Mann* nicht zwingend: privilegiert sein – etwa, wenn sie zusammenfällt mit *behindert, Muslim, schwul* ... Wir haben es also nicht nur mit Einfach- oder Mehrfach-Diskriminierungen zu tun, sondern ebenso mit Einfach- oder Mehrfach-Privilegien, mit Privilegiertheit bei gleichzeitiger Diskriminierung, mit komplexen wechselnden Mehrheiten und Minderheiten, mit wechselnden Über- und Unterordnungsverhältnissen – und mit dem, was Baer (2009: 5) in Anlehnung an Connell „Merkmals-Dividende" nennt: Zum Beispiel sind Frauen – als Frauen – keineswegs immer oder allein Diskriminierte, sondern auf der Grundlage von Merkmalen und Zuschreibungen, die sie mit anderen Privilegierten teilen, ebenso Profiteurinnen der Diskriminierung anderer.

Das Dilemma

Aktuelle Gleichstellungspolitiken können, sofern sie theoretisch reflektiert handeln oder handeln wollen, diesen Erkenntnissen nicht ausweichen. Damit stehen sie vor einem Dilemma:

In Orientierung an *Diversitäts*-Ansätzen laufen sie Gefahr, Ungleichheiten festzuschreiben, indem sie Differenzmerkmale als gegeben und gleichberechtigt nehmen.

In Orientierung an *Intersektionalitäts*-Ansätzen hingegen kommt ihnen eine klar umrissene, von Diskriminierung betroffene Zielgruppe (*Frauen/Behinderte*) schrittweise abhanden.

Gruppismus

Der Begriff ‚Gruppe' lohnt in diesem Zusammenhang eine nähere Betrachtung: Gleichstellungs-Ansätze – also auch Mainstreaming-Ansätze – zielen gängigen Definitionen nach auf die „faktische Angleichung (etwa der Geschlechter) in allen Lebensbereichen, in denen Nichtgleichheit als Diskriminierung empfunden wird". Die EU spricht in einschlägigen Publikationen von der „Gleichstellung ungleich behandelter Personengruppen".

Sicher, wir Menschen benötigen für unsere Orientierung in der Welt Kategorien, Sortierungen, Stereotype, Schemata. Ohne sie wären wir alle ziemlich aufgeschmissen. Doch geteilte Merkmale allein machen keine Gruppe. Die *Gruppen*, von denen hier die Rede ist, sind ja nichts anderes als Individuen, die entlang eines Merkmals oder weniger Merkmale gleichsam zwangs-vereinheitlicht werden. Der amerikanische Soziologe Rogers Brubaker nennt dieses Phänomen „Gruppismus".

Aus ähnlichen Gründen fragwürdig – wir hörten es im Vortrag von Lars Bruhn und Jürgen Homann – ist der Rekurs auf *Identitäten*. Denn was macht Identität aus? Identitäten sind wie Gruppen soziale Konstrukte. Ein Rekurs auf Identität ist akzeptabel nur dann, wenn diese von Menschen sich selbst zugeschrieben – und verändert! – werden kann.

Die *Vereinheitlichung* von Menschen entlang einzelner Merkmale kann fatale Folgen haben – und zwar in beide Richtungen: als negative *und* als positive Diskriminierung. „Gruppenrechte sind keine Lösung, ... sie sind sogar ein Problem für Recht gegen Diskriminierung. Gruppenrechte essentialisieren Differenz und auch Ungleichheiten, homogenisieren Menschen, die Einiges, aber nie alles gemeinsam haben ... Gruppenrechte tendieren zur Privilegierung egalitärer Identitätskonzepte und begünstigen Repräsentationspolitiken, in denen ‚leader' für andere sprechen, mit denen aber dann nicht gesprochen wird". Diese Fundamentalkritik übte 2009 die kurz darauf zur Richterin am Bundesverfassungsgericht berufene Susanne Baer an den nach § 5 AGG möglichen „positiven Maßnahmen". Baer plädiert im Hinblick auf eine wirksame Antidiskriminierungspolitik für die Orientierung nicht an Merkmalsgruppen, sondern allein an diskriminierungsgefährdenden Merkmalen selbst. Diese, daran sei erinnert, finden sich „in den Menschen" in vielfältigen Kombinationen.

Gleich-Stellung – an welchem Maßstab?

Wem werden eigentlich die sogenannten benachteiligten Gruppen gleich gestellt und nach welchem – oder wessen – Maßstab?

Es gilt ja weiterhin, dass vermeintliche Minderheiten die Regeln der vermeintlichen Mehrheiten erlernen müssen, um *mitspielen* zu dürfen. Betrachten wir nur einmal die Universität in Zeiten von *Diversity Politics*:

Coaching-Programme sollen Einser-Absolventinnen fit machen für „Spiele der Macht" in der Wirtschaft,

Mentoring-Programme sollen hochqualifizierte Professorinnen fit machen, sich in „old boys networks" zu behaupten,

Kompetenzkurse sollen Studienanfänger*innen mit migrantischer Geschichte oder aus sogenannten bildungsfernen Schichten, Menschen, die es gegen viele Widrigkeiten über die Türschwelle der Universität geschafft haben, fit machen für die an sie gestellten Uni-Anforderungen,

Menschen mit migrantischer Geschichte, die im Gegensatz zu vielen Deutschen kompetent mehrsprachig sind, sollen mit Sprachtrainings fit gemacht werden für ein akademisches Leben in Deutschland. ...

Solche Programme werden von ihren Macher*innen in der aufrichtigen Überzeugung aufgelegt, dass *echter* Wandel eines Systems oder einer Organisation wie beispielsweise einer Universität gelingen kann, wenn eine *kritische Masse* vorhanden ist. Doch bei näherer Betrachtung müssen wir feststellen: Menschen, die auf ihre Weise längst *fit* sind, werden *fit* für's System gemacht. Wer zum System, zur Organisation gehören will, adaptiert die Regeln, passt sich an oder wird angepasst, fügt sich ein – macht sich *fit*. Das ist Akkulturation, Assimiliation, im besten Fall *Integration*. Die Systeme, die Organisationen – sie bleiben weitgehend die alten, folgen alten Logiken, produzieren weiterhin Ungleichheiten und Ausschlüsse.

Unter echten Legitimationsdruck gelangen Systeme, gelangen Organisationen, wenn Menschen mit körperlichen oder mentalen Besonderheiten Teilhabe reklamieren. Es reicht eben nicht, Türschwellen abzusenken (auch nicht die mentalen), damit Teilhabe möglich wird. Lars Bruhn und Jürgen Homann sagten in ihrem Beitrag: „Anders als Fensterputzen wird Behinderung ... nach wie vor nicht als selbstverständlicher Teil im Leben von uns allen betrachtet. Behinderung erscheint nicht als ein Problem, das die bestehenden Verhältnisse in Frage stellen könnte." *Mein* Eindruck verstärkt sich, dass *gerade* und möglicherweise *allein* Behinderung die bestehenden Verhältnisse in Frage zu stellen vermag. Denn nur die Skandalisierung von *Behinderung* im Sinne einer *Exklusion von Anfang an auf allen Ebenen* offenbart die vielfältigen Mechanismen, mit denen Systeme (eine Illusion von) Identität und Kohärenz aufrechterhalten: Indem sie sich dem *Fremden, Anderen*, eben *Nicht-Identischen* verschließen beziehungsweise Teilhabe erlauben nur um den Preis der Aufgabe des Anders-Seins. Menschen mit Beeinträchtigung wäre es in den bestehenden Systemen gar nicht möglich, *anders* zu werden. *Dis-abled*, gleichsam *ent-fähigt*, könnten sie sich im oben genannten

Sinne also nicht einmal für das bestehende System fit machen, nicht zugerichtet werden. Sie bleiben das *Andere*, das *Nicht-Identische*. Teilhabe für Menschen mit Beeinträchtigungen ist daher nur möglich, wenn wir die Systeme, die Organisationen, *fit* machen für Menschen mit Beeinträchtigungen...

Sammeln wir kurz unser Material ein:

Gleichstellungsfördernde Gesetze und Mainstreaming-Programme bleiben wirkungsarm, wenn und weil ihre Anwendung nicht konsequent erfolgt. Quoten, Förderprogramme und Trainings tasten ungleichheitsverursachende und –erhaltende Strukturen nicht oder nur unzureichend an. Ein zentraler Grund dafür liegt möglicherweise in der Zielbestimmung selbst. Denn mit der Idee einer Gleich-Stellung ist das Versprechen verbunden, dass die, die gleich-gestellt werden sollen, so sein und leben können wie jene, die den *Maßstab* dieses Gleich-Seins vorgeben. Das aber kann letztlich nie mehr sein als eine *Integration* in *grundsätzlich* un-gleiche Strukturen – und damit allenfalls eine Illusion von Autonomie.

Der Bezug auf die Diversität/Vielfalt/Heterogenität von Menschen ist ein Schritt in die richtige Richtung. Zu Ende gedacht, mündet die Rede von Diversität allerdings in der Erkenntnis, dass *jeder* Mensch im Kern anders ist als alle anderen. So gesehen, verkörpern wir *alle* das *Nicht-Identische*.

Diversität bedeutet jedoch keineswegs Gleich-Wertigkeit oder gar Gleich-Berechtigung. Allerdings gibt es auch nicht die *eine* privilegierte Mehrheit. In intersektionaler Perspektive können wir vielmehr erkennen, wie sich Über- und Unterordnungsverhältnisse, Diskriminierungen und Privilegierungen verschränken und verflechten. Solchen Verflechtungen entkommen wir nicht durch fragwürdige *Gruppismen*, also durch die Verteidigung der Interessen einzelner „Diskriminierten-Gruppen" gegen die Interessen anderer. Denn Abgrenzungen gegen andere bringen neben Einschlüssen zwangsläufig wieder Ausschlüsse und damit Diskriminierungen hervor. *Eine Hierarchie der Ungleichheiten aber ist nicht akzeptabel!* (Baer 2009: 14) Wir entkommen diesen Verflechtungen auch nicht, wenn wir weiter auf Gleich-Stellung setzen. Denn im Bestreben nach Gleich-Stellung mit dem als Norm und Normalität Gesetzten bekräftigen wir letztlich die Regeln und Mechanismen einer zwangsläufig Ungleichheiten produzierenden Struktur.

Was bleibt?

Meine Vision von Gleichstellungspolitik 2020 ist: Es gibt *keine Gleichstellungspolitiken* mehr! Nicht, weil Gleich-Stellung dann erreicht wäre. Sondern weil die Akteur*innen bisheriger Gleich-Stellungs-Politiken sich der Orientierung an Normalitäten verweigern und zugleich dem drängenden und verständlichen Wunsch, dazuzugehören. Weil diese Akteur*innen statt Gleich-Stellung und statt eines tendenziell apolitischen Diversity Managements zukünftig eine Politik betreiben, die beansprucht, die Spielregeln der Spielregeln von Teilhabe zu definieren: Es ist gut, bei einem Spiel die Regeln mitzubestimmen. Noch besser jedoch ist es, mitzubestimmen, dass ein Spiel gespielt wird, bei dem alle mitspielen können. Kurzum: *Es geht um Definitionsmacht!*

Um uns dieser Macht zu nähern, müssen wir künftig darauf verzichten, eigene Gruppeninteressen gegen andere – und damit zulasten anderer – durchzusetzen. Wir benötigen eine Perspektive, die vom Ganzen her kommt und der Einsicht Rechnung trägt, dass wir alle verschieden sind. Wir benötigen eine echte, solidarische, die (künstlichen) Grenzen zwischen Menschen und ihren Unterschieden überwindende Politik der Inklusion.

Inklusion verstehe ich dabei als den absoluten, radikalen Perspektivwechsel. Inklusion verstehe ich als die uns *alle* in *allen* Lebenszusammenhängen angehende Frage: *Können alle an allem mitgestalten, mittun, teilhaben – oder auch einfach fernbleiben?*

Diese Frage ist eigentlich die einfachste, die es gibt. Der Clou an ihr: Ich muss, um sie beantworten zu können, vielfältigste Perspektiven einnehmen, muss mich in die Lage anderer soweit wie möglich einfühlen, eindenken. Besser noch: Ich frage die Anderen. Immer jedenfalls muss ich überlegen, um ein Wort von Christian Judith aus seinem gestrigen Vortrag aufzunehmen: „Fühlen alle anderen sich eingeladen?/Können sich alle eingeladen fühlen?" Übrigens wäre mir wohler, wenn wir zukünftig „vom *Alle* her" denken statt, wie Klaus Dörner anregt, „vom Letzten her". Irgendwie ist mir da noch zu viel Wertung drin.

Perspektivenwechsel

Wie kann ein solcher Perspektivenwechsel gelingen?

Kommen wir dazu noch einmal zurück zu den Episoden vom Anfang. Folgen Sie mir auf eine kurze Gedankenreise. Stellen Sie sich vor, Inge arbeitet in der Wohngemeinschaft, in der Ihre demente Großmutter lebt. Inge sagt: „Inklusion finde ich ganz wichtig. Von diesen Menschen hat man so viel. Also Ihre OMA, die kann ja nicht sprechen und schreit oft und laut – aber wenn sie mal lacht, dann ist das so ansteckend, da lachen alle mit. IHRE OMA bereichert einfach unser Leben."

Oder Bodo, der Familienvater, sagt: „Es ist ganz wichtig, dass endlich MÄD-CHEN in die normalen Schulen kommen. Unsere Söhne können im Umgang mit ihnen so viel lernen. In der Klasse meines Sohnes ist seit einiger Zeit ein MÄD-

CHEN. Und seitdem bemerke ich an meinem Sohn ein viel besseres Sozialverhalten."

Was, wenn Andreas sagt: „Wir müssen ernsthaft darüber nachdenken, ob ‚Inklusion' SCHWULEN, LESBEN, BISEXUELLEN UND TRANSGENDER-PERSONEN wirklich so viel bringt wie erhofft."

Welche Reaktionen erfährt Ilse, wenn sie sagt: „Die Lehrer müssen wählen können, ob sie MIGRANT*INNENKINDER aufnehmen. Aber so kriegen die auf einmal zehn solche Kinder dazu und können sich nicht dagegen wehren. Ein Kind ginge ja noch, aber gleich zehn!?"

Erst wenn uns bei jeder dieser Äußerungen – und vielen, vielen anderen, die hier denkbar wären – der Atem stockt vor Scham, erst wenn wir merken, dass in all diesen Fällen etwas „so überhaupt nicht stimmt", haben wir eine allererste Idee davon, was *Inklusion* bedeutet.

Vier Aspekte sind mir noch wichtig:

- Mit dem Rekurs auf „Inklusion" als Leitbild künftiger „Gleichstellungs"-Politiken möchte ich keineswegs diese Jahrhundert-Errungenschaft der Behindertenrechtsbewegung für andere Bewegungen kapern. Andersrum wird ein Schuh daraus: Wir alle können denen, die für die Rechte der von Behinderung betroffenen Menschen unermüdlich kämpfen, dankbar sein, dass dieses grandiose Konzept endlich in der Welt ist, – weil es *uns allen* neue Perspektiven eröffnet. Andererseits ist meine Befürchtung: Das Schwert der Inklusion *könnte* stumpf bleiben, wenn allein die Menschen mit Beeinträchtigung es schwingen. Es *wird* stumpf bleiben, wenn andere weiter auf Gleich-Stellung setzen. Es *muss* stumpf bleiben, wenn wir die Hierarchie der Ungleichheiten nicht endlich angehen. Dazu braucht es Solidarität und die Überwindung von Besitzstandsdenken – durchaus auch bei Gleichstellungsbeauftragten!

- Es gibt eine nicht unberechtigte Angst bei Gleichstellungsbeauftragten: Obwohl sie sich künftig auch noch um Diversity kümmern sollen, kommt kein Cent dazu. Die über Jahrzehnte erstrittenen Ressourcen für Gleichstellung werden also durch die Hintertür wieder gekappt. Das darf nicht sein! Auch aus diesem Grunde ist solidarisches Denken notwendig: *Inklusion* geht alle an, doch wir beherrschen das dazugehörige Denken – und die dazugehörige Haltung – noch nicht. Es zu lernen, kostet Zeit und Geld. Denn wir benötigen – jedenfalls bis auf weiteres – Expert*innen für die vielen diskriminierungsgefährdenden Merkmale. Wir benötigen zum Beispiel dringend Disability

Counselors, ausgebildet in einem Studiengang Disability Studies, die ihre Expertise in *diversen* Teams einbringen.

- Inklusion – und alles wird gut? Sicher nicht! Neben Beratung und Monitoring benötigen wir zwingend ein Drittes: eine „postkategoriale Antidiskriminierungspolitik" (Baer), die allerdings nicht mehr die Merkmalsgruppen *als Gruppen von Menschen* in den Blick nimmt, sondern allein vielmehr die diskriminierungsgefährdenden Merkmale selbst. Da diese in vielfältigen Formen, Facetten und Verschränkungen auftauchen, braucht es einmal mehr – inklusives und intersektionales Denken.

- Und die Moral von der Geschicht'? Im Zusammenhang von Diversity und Inklusion fällt immer wieder das Nutzen-Argument: „Die Gesellschaft profitiert...", „Im Zuge des demographischen Wandels brauchen wir alle...", „Angesichts des Fachkräftemangels können wir es uns nicht leisten, Ressourcen zu verschwenden". Ich warne dringend davor, dieses Nutzen-Argument für die Legitimation von Inklusionsbestrebungen zu verwenden! Ein *Nutzen* ist immer interessenabhängig - und damit volatil, beweglich. Von jetzt auf gleich könnte anderes nützlicher sein. Und dann? Dann wird das, was bis eben nützlich war, fallen gelassen „wie eine heiße Kartoffel"... Noch etwas: Der Utilitarismus, die „Lehre vom größten Glück der größten Zahl", eine mächtige Strömung der Moraltheorie, betrachtet ‚Nutzen‘ als zentrale Kategorie zu dieser Glücksbestimmung. Das „größte Glück der größten Zahl" sagt aber nichts aus über die Verteilung dieses Glücks, also des Nutzens. Viel Glück ist auch dann in der Welt, wenn wenige ganz viel haben und viele wenig! Zudem entspringen manche der bioethischen Positionen, mit denen wir uns seit langer Zeit herumschlagen, utilitaristischer Logik. Ich erinnere nur an den australischen Philosophen Peter Singer, der in den 90er Jahren schwerstgeschädigten Neugeborenen ein Lebensrecht absprach mit dem Verweis auf ihren geringen – Nutzen!

Vielleicht halten wir uns stattdessen eher an Kant: „Der Mensch, und überhaupt jedes vernünftige Wesen, existiert als Zweck an sich selbst, nicht bloß als Mittel zum beliebigen Gebrauche für diesen oder jenen Willen ..." (Kant, GMS:BA 64) Inklusion im Sinne der Möglichkeit unbedingter Teilhabe aller ist demnach niemals vorrangig eine Frage des Nutzens. Unbedingte Teilhabe ist – und *dies* muss Tenor künftiger Politik sein –, zuallererst eine Frage des Respekts, der Würde, der Humanität, der Fairness oder ganz schlicht – der menschlichen Vernunft.

Literaturverzeichnis

Baer, Susanne (2012): „Chancen und Grenzen positiver Maßnahmen nach § 5 AGG." Vortrag zum Geburtstag des Antidiskriminierungs-Netzwerk Berlin (ADNB), 2009: http://baer.rewi.hu-berlin.de/w/files/ls_aktuelles/09_adnb_ baer.pdf (25.03.2012).

Bielefeldt, Heiner (2012): „Zum Innovationspotenzial der UN-Behindertenrechts-konvention, Essay, Deutsches Institut für Menschenrechte", 2009: http://www.institut-fuer-menschenrechte.de/fileadmin/user_upload/Publikati onen/Essay/essay_zum_innovationspotenzial_der_un_behindertenrechtsko nvention_auflage3.pdf (25.03.2012).

Boban, Ines; Hinz, Andreas (2003): „Index für Inklusion. Lernen und Teilhabe in der Schule der Vielfalt entwickeln" (Entwickler*innen: Booth, Tony; Ainscow, Mel; (Hg.): Mark Vaughn. Übersetzt, für die deutschsprachigen Verhältnisse bearbeitet und herausgegeben von Boban/Hinz), Halle-Wittenberg 2003, http://www.eenet.org.uk/resources/docs/Index%20German.pdf (25.03.2012).

Europäische Kommission (2011): Praxiskompendium zum Thema Mainstreaming der Nichtdiskriminierungs-/Gleichstellungsthematik. Luxemburg.

Kant, Immanuel (1786): Grundlegung zur Metaphysik der Sitten (GMS), 1. Auflage 1785, 2. Auflage 1786.

Knapp, Gudrun-Axeli (2012): „Gleichheit, Differenz, Dekonstruktion und Intersekti-onalität: Vom Nutzen theoretischer Ansätze der Frauen- und Geschlechter-forschung für die gleichstellungspolitische Praxis". In: Krell, Gertraude; Ort-lieb, Renate; Sieben, Barbara (Hg.), Chancengleichheit durch Personalpoli-tik. Gleichstellung von Frauen und Männern in Unternehmen. Rechtliche Regelungen – Problemanalysen – Lösungen, Wiesbaden (Gabler), 6. voll-ständig überarbeitete u. erweiterte Auflage 2011, 71-82, (springerlink-pdf) (25.03.2012).

taz.de (2009): „UNO rügt Gleichstellungspolitik", 02.03.2009: http://www.taz.de/ !31184/ (25.3.2011).

Winker, Gabriele; Degele, Nina (2009): Intersektionalität. Zur Analyse sozialer Ungleichheiten", 2. Auflage. Bielefeld.

Intersectional Studies – Eine Praxis des „für Alle"

(Hamburger Manifest)

Die Hochschule: ein Ort des gleichberechtigten Lehrens und Lernens. Ein Ort, an dem diskriminierende Praxen und Ausgrenzung der Vergangenheit angehören. Von diesem Ziel sind wir leider noch weit entfernt. Wir, das Zentrum für Disability Studies, das Zentrum GenderWissen und die AG Queer Studies, haben uns seit längerer Zeit mit diesem Ziel beschäftigt und gemeinsam diskutiert. Dieses Manifest soll unsere Ideen für eine Hochschule begründen und öffentlich machen, die möglichst allen gleichermaßen offensteht. Sie wird nur dann unseren Ansprüchen gerecht, wenn sich die Prinzipien von Inklusion und Gerechtigkeit auch in ihren Strukturen und dem Umgang mit diskriminierten Gruppen ausdrücken. Denn Hochschule ist eben kein „Elfenbeinturm", der sich im luftleeren Raum befindet, sondern immer auch Teil einer (leider nicht diskriminierungsfreien) Gesellschaft. Unter anderem bildet sie Personen aus, die diese Gesellschaft mitgestalten. Nicht zuletzt deshalb müssen Themen wie soziale Ungleichheit, Diskriminierung, Ausgrenzung, Gleichberechtigung und Inklusion auch in jeder Hochschule präsent sein. Das heißt, es muss Forschung und Lehre hierzu angeboten werden.

Eine Hochschule, die nicht bestimmte Gruppen ausgrenzen würde, käme allen Menschen zugute, denn sie wäre eben keine Bevorrechtigung bestimmter Personen oder Gruppen, sondern würde die allgemeinen Menschenrechte durchsetzen. Sie würde ein Klima schaffen, das nicht auf Hierarchien und Konkurrenzkampf und damit auf ein selektives Gesellschafts- und Bildungsideal ausgerichtet ist. Die politischen Kämpfe für eine gerechtere und diskriminierungsfreie Gesellschaft haben auch in der UN-Behindertenrechtskonvention (BRK) ihren Niederschlag gefunden.

Vielerorts herrscht die Ansicht, die BRK enthalte besondere Rechte für besondere Menschen. Dies ist mitnichten der Fall. Ausgehend von den unterschiedlichen Lebenslagen behinderter Menschen und ihrer Gefährdung, von den allgemeinen Menschenrechten und der Partizipation an der Gesellschaft ausgeschlossen zu werden, akzentuiert die BRK supranationale rechtliche Prinzipien, die sicherstellen sollen, dass die bestehenden allgemeinen Menschenrechte auch für behinderte Menschen gültig sind. Die BRK ist somit ‚lediglich' eine Konkretisierung der bestehenden Menschenrechtskonventionen in Bezug auf behinderte Menschen. Aus der BRK können abseits der allgemeinen Menschenrechte wohlgemerkt keine besonderen Rechte abgeleitet werden. Im Umkehrschluss bedeutet dies, dass die beispielsweise in Art. 3 BRK formulierten rechtlichen Grundsätze den Anspruch erheben, nicht nur für behinderte, sondern für alle Menschen gültig zu sein. Das Recht auf ein selbstbestimmtes, diskriminierungsfreies Leben, die volle und wirksame Teilhabe an allen gesellschaftlichen Lebensbereichen auf der Grundlage von Chancengleichheit, die Achtung der Unterschiedlichkeit von Menschen und ihre Gleichberechtigung und Akzeptanz als Teil der menschlichen Vielfalt, schließlich die Achtung des Rechts auf Wahrung der individuellen Identität im Sinne von Inklusion – alle diese genannten rechtlichen Grundsätze betreffen keineswegs ausschließlich behinderte Menschen.

Gleichwohl zeigt die in der BRK erfolgte Konkretisierung der allgemeinen Menschenrechte einmal mehr die Bedeutung der Analysekategorie Behinderung für intersektionale Fragestellungen auf. Behinderte Menschen werden insbesondere in den Lebensbereichen Bildung und Arbeit unabhängig vom Alter und Bildungsstand durchgängig diskriminiert Zu einer Realisierung von Selbstbestimmung, Antidiskriminierung, Teilhabe und Inklusion bedarf es daher einer Theorie wie Praxis, die Behinderung maßgeblich berücksichtigt.

Selbstbestimmung ist ein zentraler Kampfbegriff der politischen Behindertenbewegung, der darauf aufmerksam machen soll, dass die Lebenslagen behinderter Menschen in den Bereichen der persönlichen Lebensführung, Partnerschaft/ Sexualität, Wohnen, Bildung und Arbeit, nach wie vor von Fremdbestimmung geprägt sind.

Die ausbleibende Umsetzung respektive Nichtberücksichtigung der BRK stellt nichts anderes dar, als die fortwährende Verletzung der allgemeinen Menschenrechte. Um dieser fortwährenden Verletzung endlich ein Ende zu bereiten, müssen in allen Bereichen der Gesellschaft Maßnahmen ergriffen werden, um diese Grundrechte durchzusetzen. Dies gilt auch für alle Formen von Diskriminierung und Benachteiligung in anderen Bereichen. Die entsprechenden Maßnahmen müssen hierbei konsequent und umfassend in den unterschiedlichen Institutionen und Phasen eines Projektes umgesetzt werden. Eines der Konzepte, das zur Umsetzung von Antidiskriminierungsmaßnahmen heute hoch gehandelt wird, ist das sogenannte „Diversity Management". Programme wie das Auditierungs- und Zertifizierungsverfahren „Vielfalt gestalten" des Stifterverbandes für die Deutsche Wirtschaft unterstützen dieses Konzept.

Diversity Management hat allerdings die Tendenz, betriebswirtschaftliche Strategien zu suchen und zu (er)finden, mit denen es möglich werden soll, die Vielfalt der Mitarbeiter_innen top-down zu managen und daraus für die Organisation Gewinn zu ziehen. Wir kritisieren daran, dass dieses Konzept soziale Ungleichheit und Diskriminierung sowie die ungleichen Zugangsbedingungen zum Arbeits- und Bildungsmarkt ent-nennt. Dadurch werden Hierarchien nicht problematisiert, weil weiterhin ‚von oben' entschieden wird. Häufig werden hierbei identitäre Zuschreibungen positiv gesetzt und diese Stereotype nicht kritisch hinterfragt. Nicht wahrgenommen wird dabei außerdem, wie Privilegien und Ausgrenzung immer in Bezug aufeinander agieren, dabei Hierarchien festigen und das Prinzip des ‚teile und herrsche' weiter fortgeführt wird. Die Ziele des Diversity Managements werden nicht von den diskriminierten Gruppen selbst bestimmt, sondern von der Verwaltung und den sie ‚beratenden' Gender- oder Diversity-Expert_innen definiert. Die Diversity-Ansätze lassen so die Herstellung und Aufrechterhaltung der privilegierten Position durch Ausschluss von Anderen meist unberührt.

Im Hochschulbereich müssen wir also fragen: Wie ist es mit dem Zugang zum Studium bestellt? Wie können Hochschulen barrierefreier werden und weniger verwertungslogisch? An ihnen ist der Ausschluss behinderter Menschen, die Diskriminierung von Frauen, aber auch Rassismus, Homophobie und Transphobie bis heute gang und gäbe.

Wir halten das Konzept Intersektionalität zur Analyse von Diskriminierung deshalb für wegweisend, um die Durchkreuzungen und Verflechtungen der verschiedenen Macht- und Diskriminierungsachsen theoretisch wie praktisch fassen zu können und dabei eben der identifikatorischen Zuteilung von Personen nicht weiter die Hand zu reichen. Mit Intersektionalität gehen wir davon aus, dass Herrschaftsverhältnisse in der Praxis immer miteinander verwoben sind, ohne dass sie sich theoretisch aufeinander reduzieren lassen bzw. voneinander abgeleitet werden können. Sie haben zwar eine eigene Historie, aber zu keinem Zeitpunkt der Geschichte ist nur ein Herrschaftsverhältnis alleine wirksam. Zentral ist aus unserer Sicht dabei auch die Rolle, die Diskursen der Macht und Normativität zukommt. Denn diese sind nicht abstrakt, sondern werden in den Massenmedien, durch gesellschaftliche Institutionen und in sozialen Interaktionen ständig reproduziert und wirken so auf die Individuen – mittelbar und unmittelbar.

Eine Möglichkeit, um sozialer Ungleichheit innerhalb unserer höchsten Bildungsinstitutionen zu begegnen, wäre unseres Erachtens der Einzug entsprechender Studienprogramme sowie einer Personalpolitik, die der Verschränktheit und Komplexität von Machtverhältnissen Rechnung trägt. Aus den hier formulierten Konsequenzen abgeleitete Studienprogramme würden wir Intersectional Studies (Intersektionale Ungleichheitsforschung/-studien) nennen, die zudem hochschulübergreifend konzipiert sind. Sie können nur durch angemessene Ausstattung zur Realisierung der von uns bestimmten zentralen Ziele und Dimensionen Selbstbestimmung, Antidiskriminierung, Teilhabe und Inklusion durch die Verschränkung von Theorie und Praxis erzielt werden. So kann eine eigenständige Professur mit Volldenomination und entsprechenden Ressourcen (insbesondere auch wissenschaftlichem Personal) Impulse in der Forschung setzen und die interdisziplinäre Zusammenarbeit mit Hamburger ProfessorInnen sowie deutschlandweit und international forcieren.

Nicht alles muss neu initiiert werden. Es existieren bereits Strukturen inner- und außerhalb der Hamburger Hochschulen, auf die zurückgegriffen werden kann. Wir möchten in Hamburg an bewährte Konzepte anderer Hochschulen anknüpfen und gleichzeitig innovative Programme fördern. Daher ist eine Kooperation mit den bestehenden geistes-, sozial- und kulturwissenschaftlichen Fächern der Universität Hamburg erstrebenswert und kann der von ihnen vielfach beschworenen Interdisziplinarität für die Schwerpunkte Disability Studies, Gender & Queer Studies sowie Critical Race Theory Rechnung tragen. Zum gegenwärtigen Zeitpunkt reicht sie kaum über ein bloßes Nebeneinanderstellen der unterschiedlichen Herangehensweisen und Konzepte dieser Schwerpunkte hinaus.

Studierende sollten in jeder Phase ihres Studiums Veranstaltungen der Intersectional Studies besuchen können. Dies bedeutet, dass etwa für BA-Studierende die Möglichkeit besteht, im Rahmen eines BA-Nebenfaches Lehrveranstaltungen der Intersectional Studies zu belegen. Module dieses Nebenfaches sollten im Rahmen des Wahlbereiches auch Studierenden von Studiengängen offenstehen, die kein Nebenfach vorsehen oder aber nur mal „reinschnuppern" wollen. Im Rahmen eines Masters Intersectional Studies können daran anschließend vertiefte Kenntnisse erworben werden und eine Spezialisierung des Fachwissens erfolgen. Ein Masterprogramm bietet auch die Möglichkeit, mit innovativen Lehrveranstaltungen Neuland zu betreten und erstklassige Lehre und Forschung anzubieten, die auch außerhalb Hamburgs wahrgenommen wird.

Solche hochschulübergreifenden Studienprogramme im Rahmen eines Lehrhauses für Alle könnten auch Konzepte für die Antidiskriminierungsmaßnahmen der Hochschulen entwickeln, die dann in deren Profil eingehen.

In der festen Überzeugung, dass die Hamburger Hochschulen auf Basis unserer Ideen Orte des gleichberechtigten Lernens und der Partizipation aller Menschen werden können, stellen wir folgende konkrete Forderungen, um dieser Vision näher zu kommen:

- **Einrichtung einer Professur „Intersectional Studies"**, Forschungsprogramme und -koordination mit bereits bestehenden Forschungs- und Lehrzusammenhängen zu Gender, Queer und Disability Studies in den Hamburger Hochschulen, ausgestattet mit Nachwuchsstellen (Promotion und Postdoc) zur Qualifizierung.
- **Einführung von hochschulübergreifenden Studienprogrammen „Intersectional Studies"** sowie wissenschaftliche, zertifizierte Weiterbildungsprogramme u.a. mit den Studienschwerpunkten: 1. Diversity und Intersektionalität, 2. Universal Design und barrierefreie Gestaltung sozialer Lebensräume und 3. Ethik.
- **Verbindung von Theorie und Praxis im Wissenschaftsverständnis.** Anwendungswissenschaft wird gefördert und dabei die eigene Position im

Sinne einer inklusiven Kritik ständig kritisch reflektiert, um Ausschlüsse zu vermeiden.

- **Personalpolitik als Bestandteil der Antidiskriminierungspolitik von Hochschulen.** Es müssen diskriminierte Gruppen ein Mitsprache- und Mitentscheidungsrecht haben. Antidiskriminierungsmaßnahmen müssen sich auf alle Beschäftigten der Universität beziehen, insbesondere auf das Lehrpersonal, z. B. bei der Besetzung von Professuren.
- **Verbesserter Zugang zum Studium.** In den Organisationsstrukturen der Hochschulen müssen entsprechende Maßnahmen ergriffen werden, wie z. B. die vermehrte Förderung zur Öffnung der Hochschulen auch für Personen, die nicht die Allgemeine Hochschulreife besitzen, sowie Antidiskriminierungsmaßnahmen bei der Zulassung zum Studium. Maßnahmen für Menschen mit Behinderungen müssen systematisch ausgebaut werden
- **Ein Lehrhaus für Alle.** Es bietet Raum für Diskussionen unterschiedlicher Gruppen und ist das Dach für Studienprogramme zu „Intersectional Studies". Seine konkrete Ausgestaltung selbst steht immer neu zur Diskussion. Inklusion ist kein bestimmbarer Zustand, sondern ein unabschließbarer Prozess. Das Lehrhaus für Alle ist in diesem Sinne auch kein starres Institutsgebäude. Vielmehr ist es ein sich ständig veränderndes Gebilde wie gesellschaftliche Kontexte und deren Akteur_innen auch. Die Studienprogramme folgen diesen Prinzipien.

AG Queer Studies, Hamburg
Zentrum GenderWissen Hamburg
Zentrum für Disability Studies (ZeDiS), Hamburg

Hamburg im August 2013

Centaurus Buchtipp

Karin E. Sauer, Jeanette Elsässer

Burnout in sozialen Berufen

Öffentliche Wahrnehmung, persönliche Betroffenheit, professioneller Umgang

Perspektiven Sozialer Arbeit in Theorie
und Praxis, Bd. 2
2013, 74 S., br.,
ISBN 978-3-86226-225-0, € 18,80

Das Buch nähert sich dem bislang wenig differenziert betrachteten Begriff Burnout aus interdisziplinärer Perspektive. Burnout wird dabei als aktuelle Problemstellung der sozialpädagogischen Praxis diskutiert. Vor diesem Hintergrund wird eine qualitative Studie mit einer Sozialpädagogin analysiert, die nach der Behandlung ihrer eigenen Burnout-Symptomatik in der Burnout-Prävention tätig wurde.

Daraus werden Handlungsempfehlungen entwickelt, die unter Berücksichtigung inhaltlicher, organisatorischer, personeller, sowie struktureller Aspekte in der Sozialen Arbeit umgesetzt werden können.

Über die Autorinnen

Jeanette Elsässer, Sozialpädagogin (Bachelor of Arts) arbeitet im Bereich Erwachsenenbildung mit psychisch kranken und geistig behinderten Menschen.

Prof. Dr. Karin E. Sauer, Diplom-Pädagogin, ist Dozentin für Sozialarbeitswissenschaft und Methoden der Sozialen Arbeit.

www.centaurus-verlag.de

Centaurs Buchtipps

Matthias Brungs, Vanessa Kolb
Zeitarbeit als Chance für arbeitslose Menschen?
Perspektiven Sozialer Arbeit in Theorie und Praxis, Bd. 1, 2013, 90 S.,
ISBN 978-3-86226-216-8, € **18,80**

Wiltrud Dümmler, Winfried Sennekamp
Recovery im psychiatrischen Wohnheim
Chancen und Grenzen des Konzepts bei Menschen mit einer schizophrenen Erkrankung
Perspektiven Sozialer Arbeit in Theorie und Praxis, Bd. 2, 2013, 90 S.,
ISBN 978-3-86226-226-7, € **18,80**

Verena Schilly
Mütter in Führungspositionen
Vereinbarkeit von Familie und Beruf
Soziale Analysen und Interventionen, Bd. 2, 2013, 140 S.,
ISBN 978-3-86226-220-5, € **19,80**

Annika Koch
Abenteuer mit Migrantinnen und Migranten
Ein erlebnisorientiertes Konzept für die Interkulturelle Arbeit
Reihe Pädagogik, Bd. 45, 2012, 180 S.,
ISBN 978-3-86226-190-1, € **20,80**

„Dieser Band verbindet auf innovative Weise interkulturelle Pädagogik mit Erlebnis-Pädagogik..."
Oliver Neumann, auf lehrerbibliothek.de. Vorstellungsdatum: 12.01.2013.

Sarah Strauß
Peer Education und Gewaltprävention
Theorie und Praxis dargestellt am Projekt Schlag.fertig
Reihe Pädagogik, Bd. 44, 2012, 360 S.,
ISBN 978-3-86226-189-5, € **25,80**

Ludger Kowal-Summek
»Tomo spricht nicht mit mir«
Eine Untersuchung hinsichtlich der Anwendung ausgewählter Methoden der Leiborientierten Musiktherapie bei Menschen mit Autismus
Reihe Psychologie 43, 2012, 333 S., mit beiliegender DVD
ISBN 978-3-86226-148-2, € **28,80**

„...ein angenehm zu lesendes und menschlich berührendes Buch."
Hansjörg Meyer, in: Hörgeschädigten Pädagogik Nr. 5, Oktober 2012, S. 217.

David Wenzel, Irmtraud Beerlage, Silke Springer
Motivation und Haltekraft im Ehrenamt
Die Bedeutung von Organisationsmerkmalen für Engagement, Wohlbefinden und Verbleib in Freiwilliger Feuerwehr und THW
Soziologische Studien, Bd. 39, 2012, 190 S.,
ISBN 978-3-86226-123-9, € **22,80**

Informationen und weitere Titel unter www.centaurus-verlag.de

MIX
Papier aus verantwortungsvollen Quellen
Paper from responsible sources
FSC® C105338

FSC
www.fsc.org

If you have any concerns about our products,
you can contact us on
ProductSafety@springernature.com

In case Publisher is established outside the EU,
the EU authorized representative is:
**Springer Nature Customer Service Center GmbH
Europaplatz 3, 69115 Heidelberg, Germany**

Printed by Libri Plureos GmbH
in Hamburg, Germany